PIS e COFINS

A ampliação do conceito de insumos frente ao regime não cumulativo das contribuições

Conselho Editorial
André Luís Callegari
Carlos Alberto Alvaro de Oliveira
Carlos Alberto Molinaro
Daniel Francisco Mitidiero
Darci Guimarães Ribeiro
Draiton Gonzaga de Souza
Elaine Harzheim Macedo
Eugênio Facchini Neto
Giovani Agostini Saavedra
Ingo Wolfgang Sarlet
Jose Luis Bolzan de Morais
José Maria Rosa Tesheiner
Leandro Paulsen
Lenio Luiz Streck
Paulo Antônio Caliendo Velloso da Silveira

G623p   Goldschmidt, Guilherme.
PIS e COFINS: a ampliação do conceito de insumos
frente ao regime não cumulativo das contribuições /
Guilherme Goldschmidt. – Porto Alegre: Livraria do
Advogado Editora, 2013.

84 p.; 21 cm.

Inclui bibliografia.

ISBN 978-85-7348-875-3

1. PIS. 2. Contribuição para o financiamento da
seguridade social. 3. Direito tributário. 4. PASEP.
5. Imposto sobre produtos industrializados. 6. Contribuições (Direito tributário). I. Título.

CDU 34:336.2

CDD 343.04

Índice para catálogo sistemático:
1. Direito tributário   34:336.2

(Bibliotecária responsável: Sabrina Leal Araujo – CRB 10/1507)

Guilherme Goldschmidt

PIS e COFINS

A ampliação do conceito de insumos frente ao regime não cumulativo das contribuições

Porto Alegre, 2013

© Guilherme Goldschmidt, 2013

Capa, projeto gráfico e diagramação
Livraria do Advogado Editora

Revisão
Rosane Marques Borba

Imagem da capa
Stock.xchng

Direitos desta edição reservados por
Livraria do Advogado Editora Ltda.
Rua Riachuelo, 1300
90010-273 Porto Alegre RS
Fone/fax: 0800-51-7522
editora@livrariadoadvogado.com.br
www.doadvogado.com.br

Impresso no Brasil / Printed in Brazil

Agradeço ao meu orientador, Fernando Brasil de Oliveira Pinto, pela dedicada e atenciosa orientação.

"Ultimamente se vêm acentuando as investidas do fisco contra os contribuintes, no mais das vezes a demonstrar absoluto descaso das autoridades pelos princípios jurídicos. (...) As autoridades da Administração Tributária geralmente não alimentam nenhuma preocupação com o direito. Querem arrecadar, e para tanto muitas vezes violam flagrantemente as leis, até sob o pretexto, inteiramente inaceitável, de que o contribuinte também o faz".

Hugo de Brito Machado

Prefácio

A legislação de regência do PIS e da COFINS transformou, nos últimos anos, essas contribuições nos tributos de maior complexidade para sua apuração. Por conseguinte, são inúmeras as divergências de interpretações entre Fisco e contribuintes, acarretando também infindáveis questionamentos e debates, tanto na esfera administrativa quanto na esfera judicial.

Com a edição das Medidas Provisórias nos 66 e 135, estabeleceram-se as regras que implementaram a não cumulatividade ao PIS e à COFINS. Pode-se afirmar que a maior controvérsia sobre o tema diga respeito ao conceito de insumos para fins de cálculo dos créditos dessas contribuições.

Guilherme Goldschmidt aceitou o desafio de analisar essa matéria. Em seu estudo, aborda a estrutura da legislação que rege o PIS e a COFINS não cumulativos, aprofundando a pesquisa no tocante à definição de insumos.

Assentados os pressupostos teóricos sobre essas contribuições, a obra passa a abordar mais detidamente o conceito de insumos, confrontando-o com o entendimento da Receita Federal do Brasil, esposado em norma complementar com base na legislação do IPI. Esse é o grande centro de toda a celeuma analisada nesta obra.

O presente estudo, abordando também questões teóricas atinentes ao IPI, apresenta como diferencial a análise das duas correntes sobre o conceito de insumos para fins de créditos de PIS/COFINS: debruça-se sobre o entendimento tratado por boa parte da doutrina a respeito da suposta impropriedade das instruções normativas da

Receita Federal do Brasil – que limitam o conceito de insumos –, mas também traz à baila o posicionamento da Fazenda Nacional sobre o tema, analisando ainda recentes decisões do CARF e do TRF da 4ª Região sobre esse intrincado tema.

Embora as leis que regem o PIS e a COFINS não cumulativos, de fato, não tragam o conceito de insumos, a Fazenda Nacional apoia-se em diversos outros dispositivos sua tese de que os créditos de PIS e COFINS são limitados, sendo possível adotar-se como definição de insumos o mesmo norte adotado pelas leis que tratam do IPI. De outra banda, muitos doutrinadores defendem que, na ausência de definição legal, dever-se-iam adotar as normas do IRPJ para definição de insumos, aumentando, por conseguinte, os itens que ensejariam a tomada de créditos para cálculo dessas contribuições.

CARF e TRF da 4ª Região possuem decisões que já visitaram os dois polos interpretativos. O tribunal administrativo, inclusive, já proferiu entendimentos médios, não aplicando a legislação do IRPJ, mas também não se atendo às limitações impostas pela Receita Federal do Brasil. Qual das duas correntes prevalecerá dependerá, sem sombra de dúvidas, do posicionamento do STJ, que já iniciou julgamento sobre a matéria.

Enquanto aguardamos o deslinde da questão, nada melhor do que aprofundarmos os estudos com a obra de Guilherme Goldschmidt, pesquisa nascida na academia, que tive a honra de orientar, e, agora, o privilégio de prefaciar.

Fernando Brasil de Oliveira Pinto

Auditor-Fiscal da Receita Federal do Brasil.
Julgador da Delegacia de Julgamento da Receita
Federal do Brasil em Porto Alegre.
Conselheiro Suplente do Conselho Administrativo de
Recursos Fiscais. Graduado em Ciências Contábeis (USP) e em
Direito (Universidade Feevale). Pós-graduando *lato sensu* –
Especialização em Direito Processual Civil (Feevale/PUC-RS).
Instrutor da Escola de Administração Fazendária.
Ministra aulas em cursos de extensão acadêmica (Unisinos/Feevale)
e pós-graduação (Unisinos, Escola Superior Tributária – Afisvec).

Sumário

Lista de abreviaturas e siglas...13

1. Introdução...15

2. Definição de insumos para legislação do IPI no regime não cumulativo..17

   2.1. A apropriação de créditos de IPI.............................19

   2.2. Exclusões...21

   2.3. Contribuinte de IPI..22

   2.4. Responsáveis pelo pagamento..............................23

   2.5. Garantia constitucional da não cumulatividade do IPI..........24

3. Contribuição do PIS/Pasep...............................28

4. Contribuição para o Financiamento da Seguridade Social (COFINS)..31

5. O PIS e a COFINS no regime não cumulativo..........32

   5.1. Métodos utilizados para dar efetividade ao regime jurídico da não cumulatividade......................................35

6. Da apuração de créditos de PIS e COFINS............38

   6.1. Base de cálculo...40

   6.2. Breve histórico sobre a base de cálculo do PIS e da COFINS e a declaração de inconstitucionalidade da art. 3º, § 1º, da Lei nº 9.718/1998......................................41

   6.3. Exclusões ou deduções da base de cálculo...............43

   6.4. Receitas excluídas do regime de incidência não cumulativa.....46

   6.5. Créditos admissíveis..47

   6.6. Critério operacional da depreciação do ativo imobilizado.......49

   6.7. Dos créditos relativos a atividades imobiliárias...........51

   6.8. Limitações ao desconto de créditos.......................52

   6.9. Incidência na importação de bens e serviços..............54

7. Solução de divergência da Receita Federal do Brasil – julgamento polêmico na apuração de créditos de PIS e COFINS...58

8. Posicionamento atual do conselho administrativo de recursos fiscais – tendência favorável aos contribuintes 63

9. Posicionamento do egrégio Tribunal Regional Federal da 4ª Região quanto à apuração de créditos sobre insumos de PIS/COFINS 68

Conclusão 79

Referências bibliográficas 83

Lista de abreviaturas e siglas

CARF.........Conselho Administrativo de Recursos Fiscais

COFINS......Contribuição para o Financiamento da Seguridade Social

COSIT.......Coordenação Geral de Tributação

CRFB........Constituição da República Federativa do Brasil

EC...........Emenda Constitucional

ICMS.........Imposto sobre Operações Relativas à Circulação de Mercadorias e sobre Prestação de Serviços de Transporte Interestadual e Intermunicipal e de Comunicação

IPI...........Imposto sobre Produtos Industrializados

IN............Instrução Normativa

PIS..........Programa de Integração Nacional

RIPI.........Regulamento do Imposto sobre Produtos Industrializados

RFB.........Receita Federal do Brasil

REsp.........Recurso Especial

RExt.........Recurso Extraordinário

RT ....Revista dos Tribunais

SISCOMEX...Sistema Integrado de Comércio Exterior

SRFB........Secretaria da Receita Federal do Brasil

STF.........Supremo Tribunal Federal

STJ.........Superior Tribunal de Justiça

TIPI.........Tabela do Imposto sobre Produtos Industrializados

TRF/4........Tribunal Regional Federal da Quarta Região

1. Introdução

O presente estudo tem como objetivo analisar, de forma crítica e sistemática, a ampliação do conceito de insumos frente ao sistema de creditamento das contribuições para o PIS e para a COFINS com base na legislação que rege o IRPJ.

Basicamente, é possível definir insumo como tudo aquilo que entra no processo de produção (em inglês: *input*), ou seja, matérias-primas, os produtos intermediários e o material de embalagens, em contrapartida ao produto (*output*) que sai desse processo.

Conforme a sistemática prevista nas Leis nos 10.637/2002 e 10.833/2003, o contribuinte do PIS e da COFINS tem direito a tomar créditos calculados como "insumos" na fabricação de produtos destinados à venda. Contudo, no artigo 3º, inciso II, das duas normas em comento não há definição do conceito de insumo para fins de creditamento.

Diante dessa lacuna, a Secretaria da Receita Federal do Brasil – SRFB – editou as Instruções Normativas nos 247/02 e 404/04, explicitando que são considerados "insumos" somente os gastos relacionados diretamente na produção de bens ou à elaboração dos serviços a se prestar.

Ocorre que a SRFB, ao tentar buscar uma definição de insumos para ser aplicada dentro da sistemática de não cumulatividade do PIS e da COFINS, acabou por reproduzir literalmente o texto legal que define o conceito de insumo de outro tributo, no caso o IPI.

Entretanto, no momento que a SRFB equiparou o conceito de insumo das contribuições para o PIS e para a COFINS ao do IPI acabou dando tratamento idêntico para tributos cujos aspectos materiais são completamente distintos.

Certo é que a definição de insumos utilizada hoje pela SRFB, nos termos das Instruções Normativas n° 247/02 e n° 404/04, só permite a obtenção de créditos sobre valores gastos diretamente na produção do bem ou prestação de serviço, o que vem prejudicando a maioria das indústrias e também prestadores de serviços.

Por isso, diversos contribuintes estão buscando o Poder Judiciário na tentativa de ampliar o conceito de insumos, com o intuito de incluir em seus créditos todos os itens que integram o custo de produção, tanto os diretos quanto os indiretos, demonstrando que alguns custos podem assumir o conceito de insumos a fim de operacionalizar a não cumulatividade das referidas contribuições.

Assim, o objetivo do presente estudo é tecer considerações gerais sobre a possibilidade de utilização do conceito de insumos previsto no Regulamento do Imposto de Renda – RIR/99 –, por ser mais apropriado do que a definição prevista para o IPI para efeito de utilização no sistema de creditamento do PIS e da COFINS.

2. Definição de insumos para legislação do IPI no regime não cumulativo

A termo "insumos", segundo ensinamentos do professor Aliomar Baleeiro:

É de origem espanhola e empregada por alguns economistas para traduzir a expressão inglesa *input*, isto é, o conjunto dos fatores produtivos, como matérias-primas, energia, trabalho, amortização do capital, empregados pelo empresário para produzir o *output* ou o produto final. Insumos são os ingredientes da produção, mas há quem limite a palavra aos "produtos intermediários" que, não sendo matérias-primas, são empregados ou se consomem no processo de produção.[1]

De um modo geral, a legislação do IPI adota como insumo as matérias-primas, os produtos intermediários e os materiais de embalagem destinados à industrialização.

A descrição de insumos prevista no Regulamento do IPI tem por objetivo trazer aos contribuintes um rol de matérias-primas/insumos passíveis de gerarem créditos fiscais com respaldo no regime não cumulativo.

Com previsão constitucional, a não cumulatividade do IPI é assegurada pelo artigo 153, IV, § 3°, inciso II, da Constituição Federal, a qual baliza sem restrições a regra de que o Imposto sobre Produtos Industrializados será não cumulativo, compensando-se o que for devido em cada operação com o montante cobrado nas anteriores.

---

[1] BALEEIRO, Aliomar. *Direito Tributário Brasileiro*. 9. ed. Rio de Janeiro: Forense, 1980, p. 214.

A propósito, o tratamento da técnica da não cumulatividade tem permanecido o mesmo desde a Emenda Constitucional n° 18, de 1965, passando pela Constituição de 1967 e pela Emenda 1, de 1969, até chegarmos à Constituição de 1988. Todos os textos afirmam que o imposto é não cumulativo, *abatendo-se (ou compensando-se), em cada operação, o montante cobrado nas anteriores.*[2]

Segundo leciona Mizabel Derzi, historicamente, o primeiro tributo a adotar a não cumulatividade no Brasil, foi o imposto sobre consumo, antecessor do atual IPI (Leis 297/56, 4.502/64 – art. 25). Era princípio infraconstitucional. O princípio da não cumulatividade – o qual só faz sentido se a tributação recair sobre o valor agregado – torna-se princípio constitucional na Constituição de 18.09.1946, em razão da EC n. 18, de 1°.12.1965, alcançando já agora o IPI federal e o ICMS estadual. O princípio manteve-se intacto na evolução constitucional posterior. Na CF/67, art. 22, V, § 4°, (IPI), e art. 24, II, § 5°, (ICMS). A Emenda n° 1, também chamada de Constituição Emendada de 17.10.1969, manteve o princípio para o IPI no art. 21, V, § 3°, e para o ICMS no art. 23, II.[3]

Nesse sentido a finalidade legal do regime não cumulativo é evitar o efeito cascata da tributação. Isso porque, compensando-se os débitos com os créditos adquiridos na etapa anterior do ciclo econômico, neutraliza-se o referido efeito.

Na lição do professor Paulo Caliendo, a não cumulatividade é instituída como uma forma de preservar o ciclo econômico de distorções fiscais, especialmente do fenestro

---

[2] SOUZA, Pedro Bastos de. Discussões sobre o direito a crédito de IPI na entrada de insumos isentos, não-tributados e tributados à alíquota zero. Jus Navigandi, Teresina, ano 13, n. 1822, 27 jun. 2008. Disponível em: <http://jus.uol.com.br/revista/texto/11408>. Acesso em: 24 ago. 2011.

[3] DERZI, Misabel Abreu Machado; COÊLHO, Sacha Calmon Navarro. ICMS – não cumulatividade e temas afins. In: MARTINS, Ives Gandra da Silva (org.). *O princípio da não cumulatividade*, p. 107.

efeito "cascata", ou seja, do efeito da tributação sobre fatos não econômicos (tributos).[4]

Vale notar que o regime não cumulativo do IPI é idêntico ao do ICMS em que, também, procede-se a compensação do que "for devido em cada operação relativa à circulação de mercadoria ou prestação de serviços com o montante cobrado nas anteriores pelo mesmo ou outro Estado ou pelo Distrito Federal" (art. 155, § 2º, I, da CRFB).

2.1. A apropriação de créditos de IPI

A não cumulatividade do Imposto sobre Produtos Industrializados é assegurada, no plano infraconstitucional, pelo sistema de créditos e débitos regulado pelo artigo 49 do CTN e pela Lei nº 4.502/1964, por meio do regime de crédito físico. Ou seja, somente matérias-primas, material de embalagem e os produtos intermediários que integram fisicamente o produto podem ser creditados. Contudo, o próprio legislador tem abrandado um pouco no rigor do creditamento físico, admitindo que os produtos refratários (ou seja, aqueles inteiramente consumidos no processo produtivo) sejam creditados, inclusive aqueles que sofrem desgaste paulatino, desde que seja consumido em tempo razoável e não sejam bens do ativo fixo.[5]

O Decreto nº 7.212, de 15 de junho de 2010, que atualmente regulamenta o assunto, tratando da cobrança, fiscalização, administração e arrecadação do Imposto sobre Produtos Industrializados, em seu art. 3º, define o produto industrializado como aquele resultante de qualquer operação definida neste regulamento como industrialização, mesmo incompleta, parcial ou intermediária.

---

[4] SILVEIRA, Paulo Antônio Caliendo Velloso da. *Direito tributário e análise econômica do Direito*: uma visão crítica. Rio de Janeiro: Elsevier, 2009, p. 114.

[5] RIBEIRO, Ricardo Lodi. *Não Cumulatividade do IPI, Insumos Imunes, Isentos e não Tributados e o Novo Ripi*. São Paulo: Dialética 2010, p. 106.

Já no seu artigo 4º, o regulamento do IPI descreve, para efeitos legais, insumo como a matéria-prima, o produto intermediário, o material de embalagem e quaisquer outros bens que sofram alterações, em função da ação direta exercida sobre o produto em fabricação, modificando a natureza, o funcionamento, o acabamento, a apresentação ou a finalidade do produto ou o aperfeiçoe para consumo.

Nesse passo, o direito a apropriação de créditos aparece de forma expressa no artigo 226, inciso I, do regulamento do IPI, que prevê:

Art. 226. Os estabelecimentos industriais e os que lhes são equiparados poderão creditar-se (Lei nº 4.502, de 1964, art. 25):

I – do imposto relativo a matéria-prima, produto intermediário e material de embalagem, adquiridos para emprego na industrialização de produtos tributados, incluindo-se, entre as matérias--primas e os produtos intermediários, aqueles que, embora não se integrando ao novo produto, forem consumidos no processo de industrialização, salvo se compreendidos entre os bens do ativo permanente;

II – do imposto relativo a matéria-prima, produto intermediário e material de embalagem, quando remetidos a terceiros para industrialização sob encomenda, sem transitar pelo estabelecimento adquirente;

III – do imposto relativo a matéria-prima, produto intermediário e material de embalagem, recebidos de terceiros para industrialização de produtos por encomenda, quando estiver destacado ou indicado na nota fiscal;

IV – do imposto destacado em nota fiscal relativa a produtos industrializados por encomenda, recebidos do estabelecimento que os industrializou, em operação que dê direito ao crédito;

V – do imposto pago no desembaraço aduaneiro;

VI – do imposto mencionado na nota fiscal que acompanhar produtos de procedência estrangeira, diretamente da repartição que os liberou, para estabelecimento, mesmo exclusivamente varejista, do próprio importador;

VII – do imposto relativo a bens de produção recebidos por comerciantes equiparados a industrial;

VIII – do imposto relativo aos produtos recebidos pelos estabelecimentos equiparados a industrial que, na saída destes, estejam sujeitos ao imposto, nos demais casos não compreendidos nos incisos V a VII;

IX – do imposto pago sobre produtos adquiridos com imunidade, isenção ou suspensão quando descumprida a condição, em operação que dê direito ao crédito; e

X – do imposto destacado nas notas fiscais relativas a entregas ou transferências simbólicas do produto, permitidas neste Regulamento.

Parágrafo único. Nas remessas de produtos para armazém-geral ou depósito fechado, o direito ao crédito do imposto, quando admitido, é do estabelecimento depositante.

2.2. Exclusões

De acordo com o regulamento do IPI, não geram direito ao crédito, por não se considerar industrialização, as seguintes operações:

I. o preparo de produtos alimentares, não acondicionados em embalagem de apresentação:

a) na residência do preparador ou em restaurantes, bares, sorveterias, confeitarias, padarias, quitandas e semelhantes, desde que os produtos se destinem a venda direta a consumidor;

b) em cozinhas industriais, quando destinados a venda direta a corporações, empresas e outras entidades, para consumo de seus funcionários, empregados ou dirigentes.

II. o preparo de refrigerantes, à base de extrato concentrado, por meio de máquinas, automáticas ou não, em restaurantes, bares e estabelecimentos similares, para venda direta a consumidor.

III. a manipulação em farmácia, para venda direta a consumidor, de medicamentos oficinais e magistrais, mediante receita médica.

IV. confecção ou preparo de produtos de artesanato.

V. confecção de vestuário, por encomenda direta do consumidor ou usuário.

VI. moagem de café torrado, realizada por estabelecimento comercial varejista como atividade acessória.

VII. a operação efetuada fora do estabelecimento industrial, consistente na reunião de produtos, peças ou partes e de que resulte em:

a) edificação (casas, edifícios, pontes, hangares, galpões e semelhantes, e suas coberturas);

b) instalação de oleodutos, usinas hidrelétricas, torres de refrigeração, estações e centrais telefônicas ou outros sistemas de telecomunicação e telefonia, estações, usinas e redes de distribuição de energia elétrica e semelhantes;

c) fixação de unidades ou complexos industriais ao solo.

VIII. conserto, restauração e o recondicionamento de produtos usados.

IX. mistura de tintas entre si, ou com concentrados de pigmentos, sob encomenda do consumidor ou usuário, realizada em estabelecimento comercial varejista, efetuada por máquina automática ou manual.

Além disso, por força do artigo 12 da Lei 11.051/2004, não se considera industrialização a operação de que resultem os produtos relacionados nos códigos 2401.10.20, 2401.10.30, 2401.10.40 e na subposição 2401.20 da TIPI, tais como, fumo, folhas secas e seus sucedâneos desde que exercida por produtor rural pessoa física.

2.3. Contribuinte de IPI

Em regra, é obrigado ao pagamento do IPI, como contribuinte, o importador em relação ao fato gerador decorrente do desembaraço aduaneiro de produto de procedência estrangeira; o industrial, em relação ao fato gerador decorrente da saída de produto que industrializar em seu estabelecimento, bem assim quanto aos demais fatos geradores decorrentes de atos que praticar; o estabelecimento equiparado a industrial, quanto ao fato gerador relativo aos produtos que dele saírem, bem assim quanto aos demais fatos geradores decorrentes de atos que praticar.

Registre-se que se equipara a estabelecimento industrial o importador de produtos de procedência estrangeira, que deu saída a esses produtos, as filiais e demais estabelecimentos que exercerem o comércio de produtos importados, industrializados ou mandados industrializar por outro estabelecimento da mesma firma (art. 9º do regulamento do IPI).

Equiparam-se, também, a industrial os estabelecimentos comerciais de produtos como bebidas, líquidos alcoólicos e vinagres, vinhos, vermutes cachaça e licores, cuja industrialização tenha sido encomendada a estabelecimento industrial, sob marca ou nome de fantasia de propriedade do encomendante, de terceiro ou do próprio executor da encomenda.

2.4. Responsáveis pelo pagamento

De forma geral, é obrigado ao pagamento do imposto como responsável o estabelecimento importador, relativamente à parcela do imposto devida pelos estabelecimentos equiparados, o estabelecimento industrial relativamente à parcela do imposto devida pelos estabelecimentos equiparados e o estabelecimento comercial pelo imposto devido pelos estabelecimentos equiparados quanto aos produtos a estes fornecidos

Também é considerado responsável pela mercadoria o transportador, em relação aos produtos tributados que transportar, desacompanhados da documentação comprobatória de sua procedência.

A empresa comercial exportadora é, também, considerada responsável pelo imposto em relação ao que deixou de ser pago, na saída do estabelecimento industrial, referente aos produtos por ela adquiridos com o fim específico de exportação, nas hipóteses em que tenha transcorrido o prazo de cento e oitenta dias da data da emissão da nota fiscal de venda pelo estabelecimento industrial, não houver sido efetivada a exportação ou no caso em que os produtos forem revendidos no mercado interno.

Além disso, é considerado responsável, por substituição, o industrial ou equiparado a industrial, mediante requerimento, em relação às operações anteriores, concomitantes ou posteriores às saídas que promover, nas hipóteses e condições estabelecidas pela Secretaria da Receita Federal do Brasil.

2.5. Garantia constitucional da não cumulatividade do IPI

Como já referido, a não cumulatividade do IPI é efetivada pelo sistema de crédito do imposto relativo a produtos entrados no estabelecimento do contribuinte, para ser abatido do que for devido pelos produtos dele saídos, dentro de um mesmo período, de forma que o imposto cobrado em cada operação do processo fabril é compensado com o imposto devido na etapa seguinte.

De acordo com os ensinamentos do professor Paulo de Barros Carvalho, o direito ao crédito é moeda escritural, inexigível enquanto crédito pecuniário, mas imprescindível perante o lídimo exercício do direito à não cumulatividade, que se consuma com o exercício da compensação desse crédito com o "crédito tributário" (obrigação tributária) do Fisco.[6]

O regime jurídico da não cumulatividade do Imposto sobre Produtos Industrializados está previsto em sua ple-

---

[6] CARVALHO, Paulo de Barros. *Isenções Tributárias do IPI, em Face do Princípio da Não cumulatividade*. São Paulo. Dialética 1998, p. 157.

nitude no artigo 153 da Constituição Federal de 1988, que dispõe:

> Art. 153. Compete à União instituir impostos sobre:
>
> (...)
>
> IV – produtos industrializados;
>
> (...)
>
> § 3º O imposto previsto no inciso IV:
>
> (...)
>
> II – será não cumulativo, compensando-se o que for devido em cada operação com o montante cobrado nas anteriores.

Já o artigo 225 do Decreto n° 7.212/10, Regulamento do IPI – RIPI/2010, dispõe:

> Art. 225. A não cumulatividade é efetivada pelo sistema de crédito do imposto relativo a produtos entrados no estabelecimento do contribuinte, para ser abatido do que for devido pelos produtos dele saídos, num mesmo período, conforme estabelecido neste Capítulo (Lei nº 5.172, de 1966, art. 49).

Assim, de acordo com os ensinamentos do professor Hugo de Brito Machado, em uma empresa industrial, por exemplo: a) faz-se o registro como crédito, do valor do IPI relativo às entradas de matérias-primas, produtos intermediários, materiais de embalagem e outros insumos que tenham sofrido a incidência do imposto ao saírem do estabelecimento de onde vieram, b) faz-se o registro, como débito, do valor do IPI calculado dos produtos que saírem e, no fim do mês, é feita a apuração. Se o débito é maior, o saldo devedor corresponde ao valor a ser recolhido. Se o crédito é maior, o saldo credor é transferido para o mês seguinte.[7]

Ressalte-se que o creditamento do imposto independe do efetivo pagamento do montante devido na operação anterior na medida em que o adquirente se credita do IPI destacado na nota fiscal.

---

[7] MACHADO, Hugo de Brito. Comentários ao Código Tributário Nacional. São Paulo: Atlas, 2003, p. 497-498.

Dessa forma, a utilização dos créditos não fica adstrita de forma específica à saída da mercadoria em que o insumo foi incorporado, pois tal identidade é irrelevante.

Diante disso, trabalha-se por períodos de apuração em que se faz o creditamento do IPI relativo aos insumos que deram entrada no estabelecimento industrial, procedendo-se a compensação com o IPI devido pela saída de produtos finais saídos no mesmo período.

Ademais, é importante registrar que são várias as alíquotas aplicadas ao IPI e todas estão presentes na Tabela de incidência do Imposto sobre Produtos Industrializados (TIPI), representada pelo Decreto nº 7.660, de 23 de dezembro de 2011, e suas alterações.

Nesse passo, além de o referido imposto ser não cumulativo, por força constitucional, o IPI também é seletivo, gravando com mais rigor os produtos considerados supérfulos ou nocivos à saúde e/ou cujo consumo almeja-se desestimular. Isso acontece com o cigarro, por exemplo, que tem alíquota de até 300%, dificultando o consumo da população em geral por ser um produto supérfluo e extremamente nocivo à saúde.

Assim, diferentemente do que ocorre com o ICMS, em que a seletividade é facultativa, o IPI, em razão do disposto no artigo 153, IV, § 3º, I, da Constituição Federal, é obrigatoriamente seletivo, possuindo alíquotas diferenciadas em razão da essencialidade do produto.

Segundo ensinamentos de Leandro Paulsen, a essencialidade do produto realmente constitui critério para diferenciação das alíquotas que acaba implicando homenagem ao princípio da capacidade contributiva. Assim, o IPI deve ser dimensionado de forma a gravar menos os produtos essenciais e mais os produtos supérfluos, na medida em que estas características se apresentem. Poderá ser atribuída, inclusive, alíquota zero para determinados produtos, se assim entender o Executivo.[8]

---

[8] PAULSEN, Leandro. *Direito Tributário*. 4. ed. Porto Alegre: Livraria do Advogado, 2002, p. 260/261.

Nesse contexto, há de se considerar que enquanto o IPI é um imposto cobrado das indústrias sobre o total das vendas de seus produtos industrializados e das pessoas jurídicas responsáveis pela importação de produtos em geral, tendo como crédito o valor do imposto destacado nas notas fiscais de aquisição, as contribuições para o PIS e para a COFINS são cobradas pela União sobre o total das receitas auferidas pelas pessoas jurídicas, cujos créditos são calculados com base no valor de bens e serviços utilizados como insumos na prestação de serviços ou na produção ou fabricação de bens ou produtos destinados a venda.

Nessa linha, o critério quantitativo do PIS e da COFINS está ligado à totalidade das receitas auferidas, fenômeno este relacionado à pessoa do contribuinte (leia-se pessoa jurídica), não possuindo qualquer identidade com algum fenômeno circulatório, traço característico e originário do IPI e do ICMS.[9]

Assim, o conceito de insumo utilizado pela legislação do IPI leva em consideração características específicas deste imposto, o que jamais poderia ser utilizado para conceituar outros tributos com características distintas, sob pena de causar distorções e grandes prejuízos aos contribuintes, o que de fato vem ocorrendo.

---

[9] BASTOS, José Umberto Braccini. *As Contribuições Sociais do PIS e da COFINS em Face do § 12º do Art. 195 da CRFB/88.* Porto Alegre: FESDT 2008, p. 129.

3. Contribuição do PIS/Pasep

O Programa de Integração Social (PIS) foi criado para promover a integração do empregado com a empresa privada em que trabalha.

Já o Programa de Formação do Patrimônio do Servidor Público (PASEP), criado pelo Governo Federal em 1970, permite que esta categoria participe da receita das entidades integrantes, que contribuem com um percentual que forma o Fundo de Participação.

Concebidas originariamente em Leis Complementares distintas (LC n° 7/70, para o PIS, e LC n° 8/70, para o PASEP), tais contribuições, destinadas ao financiamento da seguridade social, foram unificadas e, a partir de 1° de junho de 1976, passaram a ser denominadas, simplificadamente de PIS/PASEP.[10]

Com o advento da Constituição Federal de 1988 (art. 239), ficou estipulado que a destinação dos recursos provenientes das contribuições para o PIS e para o PASEP, passaram a ser alocados ao Fundo de Amparo ao Trabalhador – FAT –, para o custeio do Programa do Seguro-Desemprego, do Abono Salarial e ao financiamento de Programas de Desenvolvimento Econômico pelo Banco Nacional de Desenvolvimento Econômico e Social – BNDES.

Já o Seguro-Desemprego e o Abono Salarial (o abono do PIS) são administrados pelo Conselho Deliberativo do Fundo de Amparo ao Trabalhador – CODEFAT –, vinculado ao Ministério do Trabalho e Emprego.

---

[10] SABBAG, Eduardo. *Manual de Direito Tributário*. 3. ed. São Paulo, 2011, p. 534.

Art. 239. A arrecadação decorrente das contribuições para o Programa de Integração Social, criado pela Lei Complementar nº 7, de 7 de setembro de 1970, e para o Programa de Formação do Patrimônio do Servidor Público, criado pela Lei Complementar nº 8, de 3 de dezembro de 1970, passa, a partir da promulgação desta Constituição, a financiar, nos termos que a lei dispuser, o programa do seguro-desemprego e o abono de que trata o § 3º deste artigo.

(...)

§ 3º Aos empregados que percebam de empregadores que contribuem para o Programa de Integração Social ou para o Programa de Formação do Patrimônio do Servidor Público, até dois salários mínimos de remuneração mensal, é assegurado o pagamento de um salário mínimo anual, computado neste valor o rendimento das contas individuais, no caso daqueles que já participavam dos referidos programas, até a data da promulgação desta Constituição.

Vale notar que somente a partir de 1º de janeiro de 2003, com a edição da Lei 10.637, de 30 de dezembro de 2002, foi instituído o regime não cumulativo das contribuições para o PIS/PASEP.

Nesse sentido, oportuno fazer uma breve exposição do funcionamento do PIS (Programa de Integração Social), tributo pago pelas empresas e destinado aos trabalhadores. Cabe ao empregador do setor privado providenciar o cadastramento do funcionário admitido caso ele ainda não esteja inscrito no PIS ou no PASEP (Programa de Formação do Patrimônio do Servidor Público).

O cadastramento para o programa é feito na primeira admissão do trabalhador por meio do preenchimento de um formulário denominado DCN – Documento de Cadastramento do NIS (número de inscrição social). Todo processo de cadastramento pode ser feito via internet, no sítio da CAIXA ou por meio do projeto piloto PIS-WEB.

Encerrado o cadastramento, o empregado recebe um cartão com o seu número de inscrição, que permite a consulta e saques dos benefícios sociais a que ele tem direito, como FGTS e seguro-desemprego.

4. Contribuição para o Financiamento da Seguridade Social (COFINS)

A Contribuição para Financiamento da Seguridade Social, instituída pela Lei Complementar n° 70, de 30 de dezembro de 1991, veio a substituir a antiga contribuição para o FINSOCIAL.

A COFINS, com peso muito maior na arrecadação federal do que a contribuição para o PIS/PASEP foi instituída com a finalidade de bancar programas na área da saúde, previdência e assistência social.

Assim, de acordo com o previsto na LC 70/91, sem prejuízo da cobrança das contribuições para o Programa de Integração Social (PIS) e para o Programa de Formação do Patrimônio do Servidor Público (PASEP), foi instituída contribuição social para financiamento da Seguridade Social, nos termos do inciso I do art. 195 da Constituição Federal, devida pelas pessoas jurídicas inclusive as a elas equiparadas pela legislação do imposto de renda, destinadas exclusivamente às despesas com atividades-fins das áreas de saúde, previdência e assistência social.

Por fim, a Lei n° 10.833/2003 inaugurou a cobrança não cumulativa para COFINS, que tem como fato gerador o faturamento mensal, assim entendido o total das receitas auferidas pela pessoa jurídica, independentemente de sua denominação ou classificação contábil.

5. O PIS e a COFINS no regime não cumulativo

É sabido que o regime não cumulativo de tributos é característico de uma cadeia multifásica de incidência tributária na qual se busca garantir um sistema tributário neutro.

Sobre neutralidade tributária, esclarece Fernando Zilveti:

> Considera-se neutro o sistema tributário que não interfira na otimização da alocação de meios de produção, que não provoque distorções e, assim, configura segurança jurídica para o livre exercício da atividade empresarial. A idéia-força contida na neutralidade propõe que se evite onerar a força econômica do contribuinte-empresa, ao mesmo tempo em que se alcance a força econômica do consumidor.[11]

Cabe registrar que a não cumulatividade é um exemplo do resultado das pesquisas de economistas e financistas, que procuravam corrigir as distorções causadas pelos tributos plurifásicos, sendo que a adoção desse regime tributário torna mais complexa a apuração dos tributos com essa característica.[12]

Por esse motivo, a técnica não cumulativa destinada a operacionalizar o Imposto sobre Circulação de Mercado-

---

[11] ZILVETI, Fernando. Variações sobre o principio da neutralidade no Direito Tributário Internacional. In: COSTA, Alcides Jorge e outros. *Direito Tributário Atual* nº 19, São Paulo: Dialética, 2005, p. 24-25, *apud* Ives Gandra da Silva (2007, p. 27).

[12] FURLAN; Anderson; VELLOSO, Andrei Pitten. Não Cumulatividade. In MACHADO, Hugo de Brito (coord.). *Não cumulatividade tributária*. São Paulo: Dialética; Fortaleza: ICET, 2009, p. 24.

rias e a Prestação de Serviços – ICMS – e o Imposto sobre Produtos Industrializados é totalmente distinta da técnica não cumulativa aplicada às contribuições do PIS e da COFINS.

Isso porque não cumulatividade é conceito atrelado a coisa e usado na esfera de tributos como ICMS e IPI, de materialidades totalmente distintas das contribuições do PIS e da COFINS, que incidem sobre a receita bruta.

Quanto ao critério material, o professor José Eduardo Soares de Melo leciona que este consiste em determinados negócios jurídicos, estados, situações, serviços e obras públicas, dispostos na Constituição, que representam fenômeno revelador de riqueza (aspecto econômico), sejam praticados ou pertinentes ao próprio contribuinte ou exercidos pelo poder público.[13]

Por outro lado, quanto a não cumulatividade das contribuições para o PIS e a COFINS, dispõe o artigo 195, § 12, da Constituição Federal, introduzido pela Emenda Constitucional n° 42/03:

Art. 195. A seguridade social será financiada por toda a sociedade, de forma direta e indireta, nos termos da lei, mediante recursos provenientes dos orçamentos da União, dos Estados, do Distrito Federal, e dos Municípios, e das seguintes contribuições sociais:

(...)

§ 12. A lei definirá os *setores de atividade econômica para os quais as contribuições* incidentes na forma dos incisos I, *b*; e IV do caput, *serão não cumulativas.* (grifo nosso)

Com base nesse fundamento constitucional, atualmente vigoram as Leis n°s 10.637/2002, 10.833/2003 e 10.865/2004, que regulam a sistemática não cumulativa das contribuições para o PIS e a COFINS.[14]

---

[13] MELO, José Eduardo Soares de. *Curso de Direito Tributário.* 4. ed. São Paulo: Dialética, 2004, p. 181.

[14] LUNARDELLI, Pedro Guilherme Accorsi. *Não Cumulatividade do PIS e da COFINS.* Apropriação de Créditos. Definição de Créditos Jurídicos. São Paulo: Dialética, 2010, p. 114.

Cumpre esclarecer que a alteração da sistemática de apuração da Contribuições para o Programa de Integração Social – PIS – e da Contribuição para o Financiamento da Seguridade Social – COFINS –, teve como finalidade estimular os setores produtivos, comercial e exportador nacionais, ocorrendo, primeiramente, com a edição da Medida Provisória n° 66 e da Medida Provisória n° 135, que, posteriormente, foram convertidas nas Leis n°s 10.637/2002 e 10.833/2003.

Desde então, todas as empresas que optaram pelo chamado regime de tributação pelo lucro real, ou que possuem faturamento anual superior a R$ 48 milhões, devem apurar o valor das contribuições para o PIS e para COFINS pela modalidade não cumulativa.

Vejamos o que diz a legislação de regência:

Lei n° 10.637/02:

Art. 3º Do valor apurado na forma do art. 2º a pessoa jurídica poderá descontar créditos calculados em relação a:

(....)

II – bens e serviços utilizados como insumo na fabricação de produtos destinados à venda ou à prestação de serviços, inclusive combustíveis e lubrificantes;

II – bens e serviços utilizados como insumo na fabricação de produtos destinados à venda ou na prestação de serviços, inclusive combustíveis e lubrificantes; (Redação dada pela Lei nº 10.684, de 30.5.2003)

II – bens e serviços, utilizados como insumo na prestação de serviços e na produção ou fabricação de bens ou produtos destinados à venda, inclusive combustíveis e lubrificantes, exceto em relação ao pagamento de que trata o art. 2º da Lei nº 10.485, de 3 de julho de 2002, devido pelo fabricante ou importador, ao concessionário, pela intermediação ou entrega dos veículos classificados nas posições 87.03 e 87.04 da TIPI; (Redação dada pela Lei nº 10.865, de 2004)

Lei nº 10.833/03:

Art. 3º Do valor apurado na forma do art. 2º a pessoa jurídica poderá descontar créditos calculados em relação a:

(...)

II – bens e serviços, utilizados como insumo na prestação de serviços e na produção ou fabricação de bens ou produtos destinados à venda, inclusive combustíveis e lubrificantes;

II – bens e serviços, utilizados como insumo na prestação de serviços e na produção ou fabricação de bens ou produtos destinados à venda, inclusive combustíveis e lubrificantes, exceto em relação ao pagamento de que trata o art. 2º da Lei nº 10.485, de 3 de julho de 2002, devido pelo fabricante ou importador, ao concessionário, pela intermediação ou entrega dos veículos classificados nas posições 87.03 e 87.04 da TIPI; (Redação dada pela Lei nº 10.865, de 2004).

Não é demais lembrar que somente as pessoas jurídicas tributadas pelo lucro real estão sujeitas ao regime não cumulativo das contribuições, sendo que os demais contribuintes tributados com base no lucro presumido ou arbitrado ou, ainda pelo regime tributário do Simples Nacional, permanecem sujeitos ao regime cumulativo.

5.1. Métodos utilizados para dar efetividade ao regime jurídico da não cumulatividade

De acordo com os ensinamentos de Ives Gandra Martins, existem diversos métodos e fórmulas de cálculos que podem ser utilizados para dar efetividade ao regime jurídico da não cumulatividade, tais como a seguir transcritos:

a) Método Direto Subtrativo – consiste na aplicação da alíquota do tributo (a) sobre a diferença entre as vendas (R) e as compras (C):

$$T = a \times (R - C)$$

b) Método Indireto Subtrativo – consiste na apuração do valor devido por meio da diferença entre a alíquota aplicada sobre a venda (R) e a alíquota aplicada sobre as compras (C):

$$T = (a \times R) - (a \times C)$$

c) Método Direto Aditivo – consiste na aplicação da alíquota do tributo sobre o valor efetivamente agregado pelo contribuinte, ou seja, mão de obra (MO), outras matérias-primas e insumos (MP), outras despesas (D) e a margem de lucro (L):

$$T = a \times (MO + MP + D + L)$$

d) Método Indireto Aditivo – consiste na apuração do tributo por meio da somatória da aplicação da alíquota a cada um dos elementos que compõem o valor agregado pelo contribuinte:

$$T = (a \times MO) + (a \times MP) + (a \times D) + (a \times L)$$

e) Método de crédito do tributo – método adotado no regime não cumulativo aplicado ao IPI e ao ICMS, no qual o valor do tributo devido na etapa anterior (Crédito) é registrado como crédito para ser utilizado na apuração do débito a ser pago referente à transação corrente (Débito):

$$T = \text{Débito} - \text{Crédito}$$

Destaca-se que a legislação ordinária que prevê a sistemática não cumulativa do PIS e da COFINS adotou o método subtrativo indireto como forma de buscar a neutralidade tributária que é alcançada por meio de concessão de crédito fiscal sobre as compras (custos e despesas) definidas em lei, na mesma proporção da alíquota aplicada nas vendas.

Edison Carlos Fernandes e Ives Gandra da Silva Martins,[15] na obra intitulada "Não cumulatividade do PIS

---

[15] FERNANDES, Edison Carlos; MARTINS, Ives Gandra da Silva. *Não cumulatividade do PIS e da COFINS – Implicações contábil, societária e fiscal.* São Paulo: Quartier Latin, 2007, p. 35/36.

e da COFINS", esclarecem que essa opção do legislador (em verdade, do Poder Executivo) se encontra expressa na mesma Exposição de Motivos da Medida Provisória n° 135, conforme abaixo transcrito:

> Por ser adotado, em relação à não cumulatividade, o método indireto-subtrativo, o texto estabelece as situações em que o contribuinte poderá descontar, do valor da contribuição devida, créditos apurados em relação aos bens e serviços adquiridos, custos, despesas e encargos que menciona.

Sobre o mesmo tema, segundo ensinamentos de Marco Aurélio Greco, o regime de não cumulatividade assim definido não é de uma compensação "imposto sobre imposto", haver incidência anterior é requisito de identificação do item que dará direito ao crédito, mas não há dedução do respectivo montante, não há dedução do PIS/COFINS incidente sobre receita do vendedor, locador, prestador de serviço etc. Criou-se um direito de deduzir um "crédito" calculado em relação aos itens enumerado e não no montante da incidência ocorrida.[16]

Trata-se, portanto, de uma sistemática distinta daquela adotada pela legislação do IPI e do ICMS, porque na sistemática dos referidos impostos, o valor do tributo devido na etapa anterior da cadeia vem informado em documento fiscal, enquanto no método subtrativo indireto, eleito para sistemática das contribuições do PIS e da COFINS, o próprio contribuinte é quem deve apurar o valor a ser abatido da aplicação da alíquota sobre o montante das vendas ou prestação de serviços.

---

[16] GRECO, Marco Aurélio. *Não cumulatividade do PIS/Pasep e da COFINS*. Leandro Paulsen (Coord.). Iob – Thomson, p. 109.

6. Da apuração de créditos de PIS e COFINS

Como visto alhures, as Leis n°s 10.637/2002 e 10.833/2003 instituíram o regime da não cumulatividade nas aludidas contribuições de seguridade social, devidas pelas empresas enquadradas pelo regime de tributação do lucro real, autorizando a dedução, entre outros, dos créditos referentes a bens ou serviços utilizados como insumo na produção ou fabricação de bens ou produtos destinados à venda.

Na definição do professor Pedro Roberto Decomin, insumo é o que se incorpora no processo de transformação do qual se resultará o produto industrializado, podendo ser esse conceituado como "aquele que passa por um processo de transformação, modificação, composição, agregação ou agrupamento de componentes de modo que resulte diverso dos produtos que inicialmente foram empregados neste processo".[17]

Já, nos ensinamentos de Ricardo Mariz de Oliveira, constituem-se insumos para produção de bens ou serviços não apenas as matérias-primas, os produtos intermediários, os materiais de embalagem e outros bens quando sofram alteração, mas todos os custos diretos e indiretos de produção, conceito que demonstra claramente uma visão mais ampla do conceito de insumos.[18]

---

[17] DECOMAIN. Pedro Roberto. *Anotações ao Código Tributário Nacional.* São Paulo: Saraiva, 2000, p. 205.

[18] OLIVEIRA, Ricardo Mariz de. *Aspectos Relacionados à Não Cumulatividade da COFINS e da Contribuição ao PIS. PIS-COFINS – questões atuais e polêmicas.* São Paulo: Quartier Latin, 2005, p. 47 e 48.

Entretanto, independente do conceito utilizado para insumos pela doutrina, no regime de incidência não cumulativa, que permite o desconto de créditos apurados com base em custos, despesas e encargos da pessoa jurídica, as alíquotas da contribuição para o PIS e para COFINS são, respectivamente, de 1,65% e de 7,6%, salvo exceção referente aos regimes especiais que não serão objeto do presente estudo.

Para uma melhor visualização, demonstramos no exemplo abaixo a apuração de créditos das contribuições no regime não cumulativo:

Fabricante	Receita de Venda ⇒ R$ 55.000,00	Varejista	Receita de Venda ⇒ R$ 90.000,00	Consumidor

No caso de o **varejista** encontrar-se sujeito ao regime não cumulativo, teríamos:

Contribuições apuradas Base de Cálculo	R$ 90.000,00
PIS/PASEP (1,65%) COFINS (7,6%)	R$ 1.485,00 R$ 6.840,00
Crédito a Descontar	R$ 55.000,00
Total dos Créditos PIS/PASEP (1,65%) COFINS (7,6%)	R$ 907,50 R$ 4.180,00
Contribuições Devidas PIS/PASEP (R$ 1.485,00 – R$ 907,50) COFINS (R$ 6.840,00 – R$ 4.180,00)	R$ 577,50 R$ 2.660,00

Cumpre ressaltar que a apuração e o pagamento da contribuição para o PIS e para a COFINS serão efetuados mensalmente, de forma centralizada, pelo estabelecimento matriz da pessoa jurídica.

6.1. Base de cálculo

Para fins de determinação da base de cálculo da contribuição do PIS e da COFINS, com incidência não cumulativa, considera-se como base o valor correspondente ao faturamento mensal, assim entendido o total das receitas auferidas pela pessoa jurídica, independente de sua denominação ou classificação contábil. (Lei nº 10.637, de 2002, art. 1º, §§ 1º e 2º, e Lei nº 10.833, de 2003, art. 1º, §§ 1º e 2º).

Vale notar que em uma visão comercial, faturamento pode ser conceituado como o ato de faturar, podendo significar também o somatório de diversas faturas, conforme ficou consagrado na prática comercial, quando se diz que o faturamento mensal de determinada empresa é de tantos reais, expressando o volume de vendas realizadas.[19]

Já Roque Antonio Carrazza ensina que o faturamento (que etimologicamente, advém de *fatura*) corresponde, em última análise, ao *somatório* do valor das operações negociais realizadas pelo contribuinte. Assim, faturar, pois, é obter *receita bruta* proveniente da venda de mercadorias ou, em alguns casos, da prestação de serviços.[20]

Entrementes, cabe registrar que independente da intrincada discussão sobre o conceito de faturamento *versus* receita bruta, desde o advento das Leis nºs 10.637/2002 e 10.833/2003, publicadas já sob a égide da EC 20/98, restou sedimentado o entendimento que faturamento mensal, independente da denominação ou classificação contábil, corresponde ao total de receitas auferidas pela pessoa jurídica.

---

[19] HARADA, Kiyoshi. *Direito financeiro e tributário*. 13. ed. São Paulo: Atlas, 2004, p. 345.

[20] CARRAZZA, Roque A. *ICMS*. 10. ed. São Paulo: Malheiros, 2005, p. 481.

6.2. Breve histórico sobre a base de cálculo do PIS e da COFINS e a declaração de inconstitucionalidade da art. 3º, § 1º, da Lei nº 9.718/1998

Diante dos inúmeros debates jurídicos sobre o conceito de faturamento para fins de apuração da base de cálculo das contribuições para o PIS e a COFINS, cumpre aqui fazer uma breve análise histórica sobre a declaração de inconstitucionalidade do artigo 3º, § 1º, da Lei nº 9.718/1998.

Foi por meio da edição da MP 1.724/1998, posteriormente convertida na Lei nº 9.718/1998, que as contribuições para o PIS e a COFINS, passaram a ser calculadas não mais sobre o faturamento, como adotado pela redação original do artigo 195, I, da CF/88, mas sobre a totalidade das receitas auferidas pela pessoa jurídica, acabando por invadir a esfera da definição do direito privado, violando frontalmente o art. 110 do Código Tributário Nacional.

Assim, era a redação original do artigo 195, *caput*, inciso I, da CF/88:

> Art. 195. A seguridade social será financiada por toda sociedade, de forma direta e indireta, nos termos da Lei, mediante recursos provenientes dos orçamentos da União, dos Estados, do Distrito Federal e dos Municípios, e das seguintes contribuições sociais:
>
> I – dos empregadores, incidente sobre a folha de salários, o faturamento e o lucro.

Ocorre que, no plano legal, as contribuições para o PIS e a COFINS, introduzidas pelas Leis Complementares nos 7/70 e 70/91, eram calculadas com base no faturamento das pessoas jurídicas, assim entendido como o total de receitas que adentravam no patrimônio jurídico do contribuinte, desde que essas receitas estivessem vinculadas ao seu objeto social.

Portanto, o conceito constitucional de faturamento previsto na redação original do artigo 195, inciso I, era bem mais restrito que o conceito de faturamento (receita bruta) introduzido pela Lei nº 9.718/98.

Dispunham os artigos 2º e 3º, § 1º, da Lei nº 9.718:

> Art. 2º As contribuições para o PIS/Pasep e a COFINS, devidas pelas pessoas jurídicas de direito privado, serão calculadas com base no faturamento, observadas a legislação vigente e as alterações introduzidas por esta lei.
>
> Art. 3º O faturamento a que se refere o artigo anterior corresponde à receita bruta da pessoa jurídica.
>
> § 1º Entende-se por receita bruta a totalidade das receitas auferidas pela pessoa jurídica, sendo irrelevantes o tipo de atividade por ela exercida e a classificação contábil adotada, para as receitas.

Contudo, após a promulgação da EC 20/98, a Constituição passou a permitir o alargamento da base de cálculo do PIS e da COFINS, na medida em que ambas as contribuições passaram a ter critério material possível de incidência a receita ou o faturamento, nos termos do art. 195, *caput* e inciso I, alínea *b*:[21]

> Art. 195. A seguridade social será financiada por toda a sociedade, de forma direta e indireta, nos termos da lei, mediante recursos provenientes dos orçamentos da União, dos Estados, do Distrito Federal e dos Municípios, e das seguintes contribuições sociais:
>
> I – do empregador, da empresa e da entidade a ela equiparada na forma da lei, incidentes sobre:
>
> (...)
>
> b) a receita ou o faturamento;

Porém, com relação à Lei nº 9.718/1998, o Supremo Tribunal Federal, ao julgar os Recursos Extraordinários nos 346084/PR, 357950/RS, 358273/RS, assentou que a noção de faturamento inscrita no art. 195, I, da CF/1988 (redação anterior à EC nº 20/98), não autoriza a incidência

---

[21] BARROS. Mauricio. *Análise da Constitucionalidade e da Legalidade da Tributação do PIS? COFINS sobre o chamado "Spread Bancário"*. São Paulo: Dialética 2010, p. 137.

tributária sobre a totalidade das receitas auferidas pelos contribuintes, não sendo possível a convalidação posterior de tal imposição, ainda que por força da promulgação da EC n° 20/98, já que o sistema brasileiro não admite a constitucionalidade superveniente de lei por alteração do texto constitucional.

Assim, foi somente com o advento das Leis n°ˢ 10.637/2002 e 10.833/2003, que criaram o regime não cumulativo das contribuições, já sob a égide da EC 20/98, que se passou a adotar o entendimento que faturamento mensal, independente da denominação ou classificação contábil, corresponde ao total de receitas auferidas pela pessoa jurídica.

6.3. Exclusões ou deduções da base de cálculo

Vale notar que, de acordo com o previsto no art. 1°, §3°, da Lei n° 10.637/2002 e art. 1°, §3°, da Lei n° 10.833/2003, bem como artigo 24, da Instrução Normativa da Secretaria da Receita Federal n° 247/02, podem ser excluídos do faturamento, quando o tenham integrado, os valores: das receitas isentas ou não alcançadas pela incidência da contribuição ou sujeitas à alíquota 0 (zero); as vendas canceladas, os descontos incondicionais concedidos, do IPI e do ICMS, quando cobrado pelo vendedor dos bens ou prestador dos serviços na condição de substituto tributário.

Além disso, poderão ser excluídas da base de cálculo das contribuições para o PIS e para COFINS as reversões de provisões e das recuperações de créditos baixados com perdas, desde que não representam ingresso de nova receita. Também poderão ser deduzidas da base de cálculo as receitas decorrentes da venda de bens de ativo permanente, os resultados positivos da avaliação de investimentos pelo valor do patrimônio líquido ativo, bem como os lucros e dividendos derivados de investimentos avaliados pelo custo de aquisição que possam tenham sido computados como receita da pessoa jurídica.

Ademais, cabe salientar que pode ser excluído da base de cálculo das contribuições do PIS e da COFINS o valor incluído em notas fiscais das agências de propaganda e repassado a terceiros.

A título exemplificativo, é oportuno trazer a lume a ementa do acórdão nº 105-16814, da Quinta Câmara de Julgamento/Primeiro Conselho de Contribuintes, sessão realizada no dia 06/12/2007:

RECEITA DAS AGÊNCIAS DE PROPAGANDA E PUBLICIDADE – Os valores recebidos pelas agências de propaganda, ou incluídos em suas notas fiscais, e devidos pelos anunciantes aos veículos de divulgação não são receitas da agência e, conseqüentemente, não integram a base de cálculo dos tributos. POSTERGAÇÃO – INOBSERVÂNCIA DO REGIME DE COMPETÊNCIA – Para se falar em tratamento de postergação, é necessário que tenha havido pagamento de imposto no exercício seguinte. TRIBUTAÇÃO REFLEXA – Quando não há matéria específica, de fato ou de direito, a ser apreciada, aplica-se às exigências reflexas o mesmo tratamento dispensado ao lançamento matriz, em razão da íntima relação de causa e efeito. PROCESSO ADMINISTRATIVO TRIBUTÁRIO – NORMAS PROCESSUAIS – CONCOMITÂNCIA – Súmula 1º CC nº 1. Importa renúncia às instâncias administrativas a propositura pelo sujeito passivo de ação judicial por qualquer modalidade processual, antes ou depois do lançamento de ofício, com o mesmo objeto do processo administrativo, sendo cabível apenas a apreciação, pelo órgão de julgamento administrativo, de matéria distinta da constante do processo judicial (Súmula nº 1, 1º CC). IRPJ – CONTRIBUIÇÕES SOCIAIS – DEDUTIBILIDADE – Na ausência de proibição legal específica, o lucro real, para ser correto, deve ser reduzido por quaisquer rubricas que o afetam, independentemente da iniciativa de apuração partir da empresa ou do fisco. Até a edição da Lei nº 9.316/96 não havia norma que vedasse a referida dedução. (Ac. CSRF/01-03.911).

Devem ser excluídos, também, da base de cálculo das contribuições para o PIS e a COFINS, os depósitos bancários assim caracterizados aqueles valores que representam mera transferência e que realmente não são efetivo ingresso de receita, considerando que para efeitos legais a pessoa física ou jurídica, regularmente intimada, deverá comprovar mediante documentação hábil e idônea, a origem dos recursos utilizados nessas operações, sob pena de caracterização de omissão de receita.

Nesse sentido, a Ementa do Acórdão nº 108-09009 do CARF:

CONFISSÃO DO CONTRIBUINTE – Considerando que o contribuinte informou confissão parcial para inclusão em parcelamento, a lide deve se restringir ao montante que não é objeto de confissão. DECADÊNCIA – Afastada a hipótese de intuito de fraude ou dolo pelo contribuinte, aplica-se a regra contida no artigo 150, § 4º do Código Tributário Nacional que determina que em se tratando de tributos sujeitos ao lançamento por homologação, o prazo decadencial para constituição do crédito tributário é de cinco anos, contado da ocorrência do fato gerador. DADOS DA CPMF – INÍCIO DO PROCEDIMENTO FISCAL – NULIDADE DO PROCESSO FISCAL – INCABÍVEL – O lançamento se rege pelas leis vigentes à época da ocorrência do fato gerador, porém os procedimentos e critérios de fiscalização regem-se pela legislação vigente à época de sua execução. Assim, incabível a decretação de nulidade do lançamento, por vício de origem, pela utilização de dados da CPMF para dar início ao procedimento de fiscalização. ARBITRAMENTO DO LUCRO – Correto o arbitramento do lucro quando o próprio contribuinte admite que sua documentação contábil é imprestável para a apuração de seus rendimentos. DEPÓSITOS BANCÁRIOS – VALORES DO PRÓPRIO CONTRIBUINTE – Valores do próprio contribuinte, verificados em diligência fiscal que representam mera transferência de mesma titularidade ou que não caracterizam efetivo ingresso de receita, não configuram "omissão de receita". MAJORAÇÃO DE LANÇAMENTO NO CURSO DO PROCESSO – IMPOSSIBILIDADE – Todas as majorações efetuadas nas diligências ocorridas no curso do julgamento devem ser afastadas quando abarcadas pela decadência, ou quando não observados os trâmites legais do lançamento de ofício, com abertura de prazo para nova impugnação ou pagamento com redução de multa, dentre outros requisitos. QUALIFICAÇÃO E AGRAVAMENTO

DA MULTA – INAPLICABILIDADE – REDUÇÃO DO PERCEN-TUAL – Somente deve ser aplicada a multa qualificada quando presentes os fatos caracterizadores do evidente intuito de fraude, como definido no artigo 72 da Lei n° 4.502/64, fazendo-se necessária a sua redução ao percentual normal de 75% para os demais casos, especialmente quando se referem a infrações apuradas por presunção. Também deve ser reduzida a multa majorada, quando a não apresentação da integralidade dos documentos solicitados foi justificada pela confissão do contribuinte acerca da imprestabilidade de sua contabilidade, motivo que ensejou a lavratura e manutenção do arbitramento do lucro. TRIBUTAÇÃO REFLEXA – PIS, COFINS e CSLL. Em razão da estreita relação de causa e efeito existente entre o lançamento principal e os decorrentes, a sorte do reflexo acompanha a sorte do principal. Preliminares rejeitadas. Recurso parcialmente provido. (grifo nosso).

6.4. Receitas excluídas do regime de incidência não cumulativa

De acordo com o que dispõe o artigo 8° da Lei n° 10.637, de 2002, e do art. 10 da Lei n° 10.833, de 2003, observado o disposto no art. 15 desta última Lei, ainda que a pessoa jurídica esteja submetida ao regime de incidência não cumulativa das contribuições, estão excluídas desse regime, e por conseguinte não geram direito ao desconto de créditos:

a) as receitas decorrentes de prestação de serviços das empresas jornalísticas e de radiodifusão sonora e de sons e imagens,

b) as pessoas jurídicas optantes pelo SIMPLES,

c) as pessoas jurídicas imunes a impostos;

d) as sociedades cooperativas, as receitas decorrentes de prestação de serviços de telecomunicações, as operações sujeitas à substituição tributária da contribuição para o PIS/Pasep;

e) as receitas decorrentes de serviços prestados por hospital, pronto-socorro, clínica médica, odontológica, de fisioterapia e de fonoaudiologia, e laboratório de anatomia patológica, citológica ou de análises clínicas,

f) as receitas decorrentes de prestação de serviços de educação infantil, ensinos fundamental e médio e educação superior, as receitas decorrentes do regime especial de tributação,

g) as receitas decorrentes de prestação de serviço de transporte coletivo de passageiros, efetuado por empresas regulares de linhas aéreas domésticas, e as decorrentes da prestação de serviço de transporte de pessoas por empresas de táxi aéreo

h) as receitas decorrentes de prestação de serviços públicos de concessionárias operadoras de rodovias

i) as receitas decorrentes de prestação de serviços das empresas de *call center*, *telemarketing*, telecobrança e de teleatendimento em geral

j) as receitas decorrentes da execução por administração, empreitada ou subempreitada, de obras de construção civil, até 31 de dezembro de 2015 (Redação dada pela Lei nº 12.375, de 2010).

k) as receitas relativas a contratos firmados anteriormente a 31 de outubro de 2003, com prazo superior a 1 (um) ano, de administradoras de planos de consórcios de bens móveis e imóveis, regularmente autorizadas a funcionar pelo Banco Central, com prazo superior a 1 (um) ano, de construção por empreitada ou de fornecimento, a preço predeterminado, de bens ou serviços e por fim as receitas de construção por empreitada ou de fornecimento, a preço predeterminado, de bens ou serviços contratados com pessoa jurídica de direito público, empresa pública, sociedade de economia mista ou suas subsidiárias, bem como os contratos posteriormente firmados decorrentes de propostas apresentadas, em processo licitatório, até aquela data.

6.5. Créditos admissíveis

Observado o disposto nas Instruções Normativas nos 247/02 e 404/04 da SRFB, as pessoas jurídicas enquadradas no regime não cumulativo, poderão descontar créditos, calculados mediante a aplicação das alíquotas de 7,6% (Cofins) e 1,65% (Contribuição para o PIS/Pasep), especificamente sobre os valores a seguir descritos:

a) bens adquiridos no mês para revenda;

b) bens e serviços utilizados como insumos na fabricação de produtos destinados à venda ou na prestação de serviços, inclusive combustíveis e lubrificantes;

c) bens recebidos em devolução, no mês, cuja receita de venda tenha integrado o faturamento do mês ou de mês anterior, e tributada no regime de incidência não cumulativa;

d) encargos incorridos no mês com energia elétrica consumida nos estabelecimentos da pessoa jurídica;

e) encargos com aluguéis de prédios, máquinas e equipamentos, utilizados nas atividades da empresa, vedado o crédito relativo a aluguel de bens que já tenham integrado o patrimônio da pessoa jurídica;

f) encargos com armazenagem de mercadorias e frete nas operações de venda, quando o ônus for suportado pelo vendedor;

g) encargos de depreciação e amortização, incorridos no mês, relativos a máquinas, equipamentos e outros bens incorporados ao ativo imobilizado adquiridos a partir de maio de 2004, para utilização na produção de bens destinados à venda, ou na prestação de serviços (Ver IN SRF nº 457, de 2004);

Obs: Não integram o valor das máquinas, equipamentos e outros bens fabricados para incorporação ao ativo imobilizado os custos de mão-de-obra paga a pessoa física; e da aquisição de bens ou serviços não sujeitos ao pagamento da contribuição, inclusive no caso de isenção, esse último quando revendidos ou utilizados como insumo em produtos ou serviços sujeitos à alíquota 0 (zero), isentos ou não alcançados pela contribuição.

h) encargos de depreciação e amortização, incorridos no mês, relativos a edificações e benfeitorias em imóveis próprios ou de terceiros, adquiridas ou realizadas a partir de maio de 2004, utilizados nas atividades da empresa.

Obs: O direito ao desconto de créditos de que tratam as letras e) e f) não se aplica ao valor decorrente da reavaliação de bens e direitos do ativo permanente.

6.6. Critério operacional da depreciação do ativo imobilizado

Segundo ensinamentos do professor Paulo Henrique Teixeira, as pessoas jurídicas sujeitas ao regime de incidência não cumulativa poderão optar pelo desconto, no prazo de 12 (doze) meses, dos créditos do PIS e da COFINS, na hipótese de aquisição de máquinas e equipamentos destinados à produção de bens e serviços de acordo com o disposto no artigo 1º da Lei nº 11.774/2008. Vale notar que o disposto neste artigo se aplica somente aos bens novos adquiridos ou recebidos a partir do mês de maio de 2008.[22]

Assim, as referidas pessoas jurídicas poderão apurar seus créditos mediante a aplicação, a cada mês, das alíquotas do PIS e da COFINS, sobre o valor correspondente a 1/12 do custo de aquisição do bem.

Nesse sentido, por meio de alteração ao art. 1º da Lei nº 11.774, de 17 de setembro de 2008, a Lei nº 12.546, de 14 de dezembro de 2011, alterou a forma de apropriação de créditos em 12 meses, de forma que mês a mês a quantidade de parcelas a apropriar diminui, de acordo com o mês de aquisição da máquina ou do equipamento.

Assim, nas hipóteses de aquisição no mercado interno ou de importação de máquinas e equipamentos destinados à produção de bens e prestação de serviços, poderão optar pelo desconto dos créditos da Contribuição para o PIS/PASEP e da Contribuição para o Financiamento da Seguridade Social – COFINS – de que trata o inciso III do § 1º do art. 3º da Lei nº 10.637, de 30 de dezembro de 2002, o inciso III do § 1º do art. 3º da Lei nº 10.833, de 29 de dezembro de 2003, e o § 4º do art. 15 da Lei nº 10.865, de 30 de abril de 2004, da seguinte forma:

a) no prazo de 11 (onze) meses, no caso de aquisições ocorridas em agosto de 2011;

---

[22] TEIXEIRA, Paulo Henrique. *Créditos de PIS e COFINS*. Curitiba: Portal Tributário Editora. 2009.

b) no prazo de 10 (dez) meses, no caso de aquisições ocorridas em setembro de 2011;

c) no prazo de 9 (nove) meses, no caso de aquisições ocorridas em outubro de 2011;

d) no prazo de 8 (oito) meses, no caso de aquisições ocorridas em novembro de 2011;

e) no prazo de 7 (sete) meses, no caso de aquisições ocorridas em dezembro de 2011;

f) no prazo de 6 (seis) meses, no caso de aquisições ocorridas em janeiro de 2012;

g) no prazo de 5 (cinco) meses, no caso de aquisições ocorridas em fevereiro de 2012;

h) no prazo de 4 (quatro) meses, no caso de aquisições ocorridas em março de 2012;

i) no prazo de 3 (três) meses, no caso de aquisições ocorridas em abril de 2012;

j) no prazo de 2 (dois) meses, no caso de aquisições ocorridas em maio de 2012;

k) no prazo de 1 (um) mês, no caso de aquisições ocorridas em junho de 2012;

l) imediatamente, no caso de aquisições ocorridas a partir de julho de 2012.

Atente-se que por meio da Lei n° 11.774/2008, de forma muito salutar, todas as máquinas e equipamentos novos destinados à produção de bens e serviços adquiridos ou recebidos a partir do mês de maio de 2008 passaram a poder ter seus créditos calculados com base no prazo de 12 meses.

Cumpre salientar que em decorrência da publicação da Lei n° 12.546/2011, o desconto em 12 meses na forma aqui tratada tem eficácia apenas para bens adquiridos até 2 de agosto de 2011.

Com relação à hipótese de aquisição de bens de capital destinados à produção ou à fabricação de produtos, os créditos do PIS/PASEP e da COFINS poderão ser descontados, em seu montante integral, a partir do mês de aquisição, de acordo com a classificação a seguir:

a) classificados na Tabela de Incidência do Imposto sobre Produtos Industrializados – TIPI, aprovada pelo Decreto nº 6.006, de 28 de dezembro de 2006:

a.1) nos códigos 0801.3 (castanha de caju), 42.02 (Baús para viagem, malas e maletas), 50.04 a 50.07 (tecidos), 51.05 a 51.13 (lã, tecidos de pêlos, dentre outros), 52.03 a 52.12 (algodão, tecidos de algodão), 53.06 a 53.11 (fios de linho, outros tecidos);

a.2) nos Capítulos 54 a 64 (linhas, cobertores e mantas);

a.3) nos códigos 84.29 ("Bulldozers", "angledozers", dentre outros), 84.32 (máquinas e aparelhos para uso hortícola, dentre outros), 8433.20 (ceifeiras), 8433.30.00, 8433.40.00, 8433.5, 87.01 (tratores), 87.02 (automóveis), 87.03, 87.04, 87.05 e 87.06 (chassis com motor); e

a.4) nos códigos 94.01 e 94.03 (outros móveis); e

b) relacionados nos Anexos I e II da Lei nº 10.485, de 3 de julho de 2002 (autopeças, máquinas, veículos dentre outros).

Os créditos serão determinados mediante aplicação dos percentuais de 1,65% e 7,6%, em relação ao PIS/Pasep e à COFINS, respectivamente.

A apropriação deste crédito será extinta a partir de 1º de julho de 2012, conforme previsão contida no artigo 51, inciso I, da Lei n° 12.546/2011, que revoga o art. 1º da Lei n° 11.529/2007 a partir desta data.

6.7. Dos créditos relativos a atividades imobiliárias

A empresa sujeita ao regime de incidência não cumulativa que adquirir imóvel para venda ou empreendimento de desmembramento ou loteamento de terrenos, incorporação imobiliária ou construção de prédio destinado a venda, poderá se valer dos créditos referentes aos custos vinculados à unidade construída ou em construção somente a partir da efetivação da venda, de acordo com o previsto na Instrução Normativa da Secretaria da Receita Federal n° 458, de 2004.

6.8. Limitações ao desconto de créditos

De acordo com a legislação de regência das contribuições para o PIS e a COFINS, não gera direito ao crédito a aquisição para revenda de bens submetidos a alíquotas concentradas, de mercadorias em relação às quais a contribuição seja exigida da empresa vendedora, na condição de substituta tributária.

Também não gera direito ao crédito a aquisição, para utilização como insumo, de desperdícios, resíduos ou aparas de plástico, de papel ou cartão, de vidro, de ferro ou aço, de cobre, de níquel, de alumínio, de chumbo, de zinco e de estanho, classificados respectivamente nas posições 39.15, 47.07, 70.01, 72.04, 74.04, 75.03, 76.02, 78.02, 79.02 e 80.02 da Tabela de Incidência do Imposto sobre Produtos Industrializados – TIPI –, e demais desperdícios e resíduos metálicos do Capítulo 81 da Tipi. (Lei n° 11.196, de 2005, art. 47)

Não dará direito ao crédito o valor da aquisição de bens ou serviços não sujeitos ao pagamento da contribuição, inclusive no caso de isenção, esse último quando revendidos ou utilizados como insumo em produtos ou serviços sujeitos à alíquota 0 (zero), isentos ou não alcançados pela contribuição.

Não dará direito ao crédito o pagamento de que trata o art. 2° da Lei n° 10.485, de 3 de julho de 2002, devido pelo fabricante ou importador, ao concessionário, pela intermediação ou entrega dos veículos classificados nas posições 87.03 e 87.04 da TIPI (Regimes Especiais)

Deverá ser estornado o crédito relativo a bens adquiridos para revenda ou utilizados como insumos na prestação de serviços e na produção ou fabricação de bens ou produtos destinados à venda, que tenham sido furtados ou roubados, inutilizados ou deteriorados, destruídos em sinistro ou, ainda, empregados em outros produtos que tenham tido a mesma destinação.

A versão de bens e direitos, em decorrência de fusão, incorporação e cisão de pessoa jurídica domiciliada no País considera-se aquisição, para fins do desconto do crédito previsto nos arts. 3º das Leis nos 10.637, de 2002, e 10.833, de 2003, somente nas hipóteses em que fosse admitido o desconto do crédito pela pessoa jurídica fusionada, incorporada ou cindida.

Os créditos só podem ser apurados em relação a custos, despesas e encargos vinculados a receitas sujeitas à incidência não cumulativa da Contribuição para o PIS/PASEP e da COFINS.

Observação: No caso de custos, despesas e encargos vinculados às receitas sujeitas à incidência não cumulativa e àquelas submetidas ao regime de incidência cumulativa, os créditos serão determinados, a critério da pessoa jurídica, pelo método de:

a) apropriação direta, aplicando-se ao valor dos bens utilizados como insumos, aos custos, às despesas e aos encargos comuns, adquiridos no mês, a relação percentual entre os custos vinculados à receita sujeita à incidência não cumulativa e os custos totais incorridos no mês, apurados por meio de sistema de contabilidade de custos integrada e coordenada com a escrituração; ou

b) rateio proporcional, aplicando-se ao valor dos bens utilizados como insumos, aos custos, às despesas e aos encargos comuns, adquiridos no mês, a relação percentual existente entre a receita bruta sujeita à incidência não cumulativa e a receita bruta total, auferidas no mês.

Os créditos só podem ser utilizados para desconto dos valores da Contribuição para o PIS/PASEP e da COFINS apurados sobre as receitas sujeitas à incidência não cumulativa. Isso quer dizer que o contribuinte que tem parte das receitas sujeitas à incidência não cumulativa e parte sujeita à incidência cumulativa, não pode utilizar o crédito para diminuir o valor da Contribuição para o PIS/PASEP e da COFINS calculados sobre as receitas sujeitas à incidência cumulativa.

Os créditos não ensejam compensação ou restituição, salvo expressa disposição legal, como no caso dos créditos apurados em relação a custos, despesas e encargos vinculados à receita de exportação.

O aproveitamento de créditos não ensejará atualização monetária ou incidência de juros sobre os respectivos valores.

Observações:

a) o crédito não aproveitado em determinado mês pode ser utilizado nos meses subsequentes.

b) o valor dos créditos apurados não constitui receita bruta da pessoa jurídica, servindo somente para dedução do valor devido da contribuição.

c) as vendas efetuadas com suspensão, isenção, alíquota zero ou não-incidência da Contribuição para o PIS/Pasep e da COFINS não impedem a manutenção, pelo vendedor, dos créditos vinculados a essas operações. O saldo credor acumulado ao final de cada trimestre do ano-calendário em virtude dessa hipótese poderá ser objeto de compensação com débitos próprios ou ressarcimento, conforme disposto na Lei nº 11.116, de 2005

Importante ressaltar que o valor dos créditos apurados não constitui receita bruta da pessoa jurídica, servindo somente para dedução do valor devido da contribuição.

6.9. Incidência na importação de bens e serviços

São considerados contribuintes da contribuição para o PIS e da COFINS o importador que promove a entrada de bens estrangeiros no território nacional e a pessoa física ou jurídica contratante ou beneficiária de serviços de residente ou domiciliado no exterior.

As contribuições para o PIS/PASEP-Importação e a COFINS-Importação tem como fato gerador a entrada de bens estrangeiros no território nacional, ou o pagamento, crédito, a entrega, o emprego ou remessa de valores a residentes ou domiciliados no exterior como contraprestação por serviço prestado.

A base de cálculo das mencionadas contribuições é o valor aduaneiro da mercadoria, conforme reconhecido pelo STF no julgamento do RE n° 559937. Também é utilizado como base de cálculo das contribuições o pagamento, crédito, a entrega, o emprego ou remessa de valores a residentes ou domiciliados no exterior como contraprestação por serviço prestado, acrescido do Imposto sobre Serviços de Qualquer Natureza (ISS) e do Imposto de Renda.

Responde solidariamente pelas contribuições:

a) o adquirente da mercadoria estrangeira no caso de importação por conta e ordem, intermediada por pessoa jurídica importadora;

b) o transportador de bens procedentes do exterior, inclusive no percurso interno

c) o depositário do bem que esta sob o controle aduaneiro

d) o expedidor, o operador de transporte multimodal ou qualquer subcontratado para realização do transporte multimodal

Cabe salientar que a Contribuição para o PIS/PASEP e a COFINS incidentes sobre a importação de bens e serviços, denominados, respectivamente, Contribuição para os Programas de Integração Social e de Formação do Patrimônio do Servidor Público Incidente na Importação de Produtos Estrangeiros ou Serviços (Contribuição para o PIS/PASEP-Importação) e Contribuição Social para o Financiamento da Seguridade Social Devida pelo Importador de Bens Estrangeiros ou Serviços do Exterior (COFINS-Importação), foi instituída por meio da MP n° 164, de 29 de janeiro de 2004, posteriormente convertida com modificações na Lei n° 10.865/2004.

Os serviços atingidos pelas contribuições são os provenientes do exterior prestados por pessoa física ou pessoa jurídica residente ou domiciliada no exterior, nas seguintes hipóteses:

a) executados no País; ou

b) executados no exterior, cujo resultado se verifique no País.

Em relação à importação de bens, consideram-se também estrangeiros:

a) bens nacionais ou nacionalizados exportados, que retornam ao país, salvo se:

1. enviados em consignação e não vendidos no prazo autorizado;

2. devolvidos por motivo de defeito técnico, para reparo ou para substituição;

3. por motivo de modificações na sistemática de importação por parte do país importador;

4. por motivo de guerra ou de calamidade pública; ou

5. por outros fatores alheios à vontade do exportador;

b) os equipamentos, as máquinas, os veículos, os aparelhos e os instrumentos, bem como as partes, as peças, os acessórios e os componentes, de fabricação nacional, adquiridos no mercado interno pelas empresas nacionais de engenharia, e exportados para a execução de obras contratadas no exterior, na hipótese de retornarem ao País.

A Contribuição para o PIS/PASEP-Importação e a COFINS-Importação é paga na data do registro da declaração de importação no Siscomex, na hipótese de importação de bens. Para efeitos meramente didáticos, o registro da declaração de importação no Sistema Integrado de Comércio Exterior – Siscomex representa o início do Despacho Aduaneiro e geralmente é providenciado após a chegada da mercadoria ao país.

Já na hipótese de importação de serviços, na data do pagamento, crédito, entrega, emprego ou remessa de valores a residentes ou domiciliados no exterior como contraprestação por serviço prestado.

No tocante ao desconto de créditos, para fins de determinação das contribuições para PIS/PASEP-Importação e

COFINS-Importação, farão jus as pessoas jurídicas sujeitas à apuração da Contribuição pelo regime de incidência não cumulativa, nas hipóteses de bens adquiridos para revenda; bens e serviços utilizados como insumo na prestação de serviços e na produção ou fabricação de bens ou produtos destinados à venda, inclusive combustível e lubrificantes; energia elétrica consumida nos estabelecimentos da pessoa jurídica, máquinas e equipamentos utilizados na atividade da empresa e máquinas, equipamentos e outros bens incorporados ao ativo imobilizado, adquiridos para utilização na produção de bens destinados à venda, ou na prestação de serviços.

Cumpre registrar o direito ao crédito aplica-se em relação às contribuições efetivamente pagas na importação de bens e serviços, inclusive nas importações efetuadas com isenção, desde que os produtos a serem revendidos ou utilizados como insumo em produtos ou serviços não esteja sujeitos à alíquota 0 (zero), isentos ou não alcançados pela contribuição.

Além disso, com relação à hipótese de importação de máquinas e equipamentos incorporados ao ativo imobilizado, adquiridos para utilização na produção de bens destinados à venda, ou na prestação de serviços, o crédito será determinado mediante a aplicação das alíquotas sobre o valor da depreciação ou amortização contabilizada a cada mês.

Os casos que envolvam regimes especiais relativos a suspensão do pagamento das contribuições para o PIS/Pasep-Importação e a COFINS-Importação estão previstos nas Leis nos 10.865/2004, 11.196/2005, 11.033/2004 e não serão objeto deste estudo.

7. Solução de divergência da Receita Federal do Brasil – julgamento polêmico na apuração de créditos de PIS e COFINS

A regra contida no artigo 195, § 12, da Constituição Federal, determina que a seguridade social será financiada por toda a sociedade, de forma direta e indireta, mediante recursos provenientes dos orçamentos da União, dos Estados, Distrito Federal e Municípios, sendo que a lei definirá os setores das atividade econômica para as quais as contribuições serão não cumulativas.

Contudo, as Leis n°s 10.637/2002 e 10.833/2003, ao introduzirem o regime não cumulativo das contribuições para o PIS e COFINS, também previram uma série de restrições a apropriação desses créditos, afrontando de forma clara a Carta Maior, tendo em vista que não há no texto constitucional autorização a essas restrições.

É que acontece, por exemplo, com a restrição imposta pelo artigo 3º, § 2º, I, das Leis n°s 10.637/2002 e 10.833/2003, que prevê a impossibilidade do aproveitamento de créditos sobre gastos incorridos com a mão de obra paga a pessoa física.

Além disso, resta evidente que a intenção da Secretaria da Receita Federal ao editar as Instruções Normativas n°s 247/02 e 404/04 é restringir ao máximo o alcance do termo *insumos* frente aos demais elementos necessários à produção de produtos e prestação de serviços.

Face à polêmica em torno da questão atinente à ampliação do conceito de insumos frente à sistemática de creditamento do PIS e da COFINS, passa-se a analisar a matéria na esfera administrativa.

Para efeito meramente didático, consulta é o instrumento que o contribuinte possui para esclarecer dúvidas quanto a determinado dispositivo da legislação tributária pertinente a sua atividade.

A consulta administrativa tem como base legal a Lei nº 9.430/1996, que dispõe sobre a legislação tributária, as contribuições para seguridade social, o processo administrativo de consulta e dá outras providências.

Com efeito, de acordo com o artigo 14 da Instrução Normativa da RFB nº 740, de 2 de maio de 2007, a consulta eficaz, formulada antes do prazo para recolhimento de tributo, impede aplicação de multa de mora e de juros de mora, relativamente à matéria consultada, a partir da data de sua protocolização até o 30º dia seguinte ao da ciência, pela consulente, da Solução de Consulta.

Caso ocorra divergência de conclusões entre soluções de consultas relativas a mesma matéria, fundada em idêntica norma jurídica, cabe a interposição de recurso especial, sem efeito suspensivo, para o órgão central da Secretaria da Receita Federal.

Nesse sentido, solução de divergência é ato específico da Coordenação Geral de Tributação – COSIT –, e que tem por escopo solucionar a divergência entre consultas sobre idênticas situações.

No presente estudo, merece destaque a solução de divergência nº 9, publicada no Diário Oficial da União de 10.05.2011, sobre os critérios utilizados para o reconhecimento determinados insumos, passíveis de gerar créditos para o PIS e COFINS, conforme ementa a seguir transcrita:

SOLUÇÃO DE DIVERGÊNCIA Nº 9 de 28 de Abril de 2011

ASSUNTO: Contribuição para o Financiamento da Seguridade Social – COFINS

Contribuição para o PIS/Pasep não cumulativa. Créditos. Insumos. Os valores das despesas realizadas com a aquisição de equipamentos de proteção individual (EPI) tais como: respiradores; óculos; luvas; botas; aventais; capas; calças e camisas de brim e etc., utilizados por empregados na execução dos serviços prestados de dedetização, desratização e lavação de carpetes e forrações, não geram direito à apuração de créditos a serem descontados da Contribuição para o PIS/Pasep, porque não se enquadram na categoria de insumos aplicados ou consumidos diretamente nos serviços prestados. Os gastos realizados com a aquisição de produtos aplicados ou consumidos diretamente nos serviços prestados de dedetização, desratização e na lavação de carpetes e forrações contratados com fornecimento de materiais, dentre outros: inseticidas; raticidas; removedores; sabões; vassouras; escovas; polidores e etc., desde que adquiridos de pessoa jurídica domiciliada no Brasil ou importados, se enquadram no conceito de insumos aplicados ou consumidos diretamente nos serviços prestados, gerando, portanto, direito à apuração de créditos a serem descontados da Contribuição para o PIS/PASEP.

Analisando a ementa citada é possível verificar a sinalização de um novo entendimento por parte da autoridade administrativa no sentido de ampliar a categoria de insumos com todas as despesas e custos indispensáveis ao fator de produção, para efeito de creditamento da Contribuição para o PIS/PASEP.

Por sua vez, a ementa da solução de divergência em estudo demonstra o razoável entendimento da autoridade administrativa de barrar o aproveitamento de créditos com os gastos efetuados com a compra de equipamentos de proteção individual (EPI) que são utilizados pelos empregados da pessoa jurídica na execução de serviços, pois não se enquadram na categoria de "insumos".

Fica claro, segundo o entendimento da autoridade administrativa, que as referidas despesas efetuadas com a compra de equipamentos de proteção individual (EPI) não poderiam gerar direito ao desconto de créditos, uma vez que o alcance da palavra "insumos" deve ser estendido somente quando se tratar de elementos ligados diretamente a prestação de serviços e produção de produtos.

Nesse sentido, a autoridade administrativa reconheceu de forma acertada que as despesas geradas com a aquisição de produtos aplicados diretamente nos serviços prestados de dedetização, lavação de carpetes e forrações, contratados com o fornecimento de materiais de limpeza como vassouras, escovas, polidores, sabões, inseticidas, entre outros, se enquadram na categoria de insumos indispensáveis a prestação dos serviços gerando, portanto, direito a apuração dos pretendidos créditos.

Todavia, em que pese a solução de divergência n° 9 trazer um alento aos contribuintes no sentido de ampliar o conceito restritivo de insumos firmado pelas instruções normativas da SRFB n° 247/02 e 404/04, a Secretaria da Receita Federal, em 6 de outubro de 2011, editou a Solução de Consulta Interna n° 7 – SRFF03/Disit –, na qual orienta os fiscais a interpretarem, mais um vez de forma restritiva, o direito a apuração de créditos de PIS e COFINS por parte dos contribuintes.

Cumpre esclarecer que a chamada "solução de consulta interna" é uma ferramenta de orientação aos contribuintes, disponibilizada no sítio da Receita Federal sobre o entendimento da Administração Fazendária com relação a determinados temas levantados pelas superintendências regionais, com respostas dadas pela COSIT.

Nesse sentido, a ementa referente a solução de consulta interna n° 7 que traz o exame de questionamento relativo às contribuições do PIS/PASEP e da COFINS de contribuintes enquadrado na sistemática da não cumulatividade:

SOLUÇÃO DE CONSULTA INTERNA Nº 7 de 06 de Outubro de 2011.

Assunto: Normas Gerais de Direito Tributário.

CONTRIBUIÇÕES PIS/Pasep E COFINS. DIREITO DE CRÉDITO.

DESPESAS DE POSTAGEM.

Os bens e serviços que geram direitos a crédito, para fins de determinação do valor a recolher da contribuição para o PIS/Pasep e da COFINS, no regime não-cumulativo, são os definidos pelo legislador e exaustivamente listados nas leis que tratam destas contribuições. As despesas de postagens de documentos, mediante remessa expressa, inerentes à operação de venda, não se constituem em valores pagos a título de "frete na operação de venda", portanto, não geram direito a créditos, nos termos do art. 3°, inciso IX, c/c art. 15, inc. II da Lei nº 10.833, de 2003.

Assim, diante da referida solução interna de consulta, que orienta os auditores fiscais a restringirem a apropriação de créditos das contribuições do PIS e da COFINS, é forçoso concluir que a único caminho viável aos contribuintes que queiram buscar o direito de aproveitamento de créditos com todas as despesas e custos indispensáveis ao fator de produção é recorrer ao Poder Judiciário.

8. Posicionamento atual do conselho administrativo de recursos fiscais – tendência favorável aos contribuintes

Conforme já mencionado, o artigo 3º das Leis 10.637/ 2002 e 10.833/2003 define que a pessoa jurídica poderá descontar créditos calculados em relação a bens e serviços, utilizados como insumos na prestação de serviços e na produção ou fabricação de bens e produtos destinados à venda, inclusive combustíveis e lubrificantes.

Assim, de acordo com o que foi abordado no item 5.1 do presente livro, as leis que instituíram a não cumulatividade das Contribuições para o PIS e para a COFINS adotaram o Método Indireto Subtrativo, cuja sistemática permite que o contribuinte desconte, do valor da contribuição devida, créditos calculados em relação aos bens e serviços adquiridos, custos, despesas e encargos definidos em lei, na mesma proporção da alíquota que grava as receitas auferidas.

Entretanto, as leis não definem exatamente qual o critério utilizado para compreensão do chamado custo de produção de bens e serviços, denominados de insumos e que consequentemente geram o direito a descontar créditos das contribuições para o PIS e a COFINS.

Contudo a legislação prevista no regulamento do imposto de renda é clara ao definir o que são os chamados custos de produção de bens e serviços.

Eis o teor dos artigos 290 e 299 do Decreto n° 3.000/99, os quais definem, respectivamente, custos e despesas operacionais:

Art. 290. O custo de produção dos bens ou serviços vendidos compreenderá, obrigatoriamente (Decreto-Lei nº 1.598, de 1977, art. 13, § 1º):

I – o custo de aquisição de matérias-primas e quaisquer outros bens ou serviços aplicados ou consumidos na produção, observado o disposto no artigo anterior;

II – o custo do pessoal aplicado na produção, inclusive de supervisão direta, manutenção e guarda das instalações de produção;

III – os custos de locação, manutenção e reparo e os encargos de depreciação dos bens aplicados na produção;

IV – os encargos de amortização diretamente relacionados com a produção;

V – os encargos de exaustão dos recursos naturais utilizados na produção.

Parágrafo único. A aquisição de bens de consumo eventual, cujo valor não exceda a cinco por cento do custo total dos produtos vendidos no período de apuração anterior, poderá ser registrada diretamente como custo (Decreto-Lei nº 1.598, de 1977, art. 13, § 2º).

Art. 299. São operacionais as despesas não computadas nos custos, necessárias à atividade da empresa e à manutenção da respectiva fonte produtora (Lei nº 4.506, de 1964, art. 47).

§ 1º São necessárias as despesas pagas ou incorridas para a realização das transações ou operações exigidas pela atividade da empresa (Lei nº 4.506, de 1964, art. 47, § 1º).

§ 2º As despesas operacionais admitidas são as usuais ou normais no tipo de transações, operações ou atividades da empresa (Lei nº 4.506, de 1964, art. 47, § 2º).

§ 3º O disposto neste artigo aplica-se também às gratificações pagas aos empregados, seja qual for a designação que tiverem.

Seguindo essa linha de raciocínio, o Conselho Administrativo de Recursos Fiscais – CARF – está consolidando um novo entendimento em favor dos contribuintes no sentido de ampliar o aproveitamento de créditos de PIS e COFINS, utilizando por base a legislação que trata do Imposto de Renda Pessoa Jurídica.

Ou seja, o CARF vem reconhecendo que o conceito de insumo previsto na legislação aplicável às contribuições ao PIS e à COFINS deve ser distinto daquele contido no IPI, devendo ser aplicado ao caso a legislação prevista no Decreto 3.000, de 26 de março de 1999 (Regulamento do Imposto de Renda), demonstrando de forma clara a tendência deste órgão administrativo.

Por esse prisma, a decisão proferida pelo CARF no Acórdão 3202-00-226 da 2ª Turma Ordinária, da 2ª Câmara da Terceira Seção de Julgamento, merece destaque:

(...)
REGIME NÃO CUMULATIVO – INSUMOS. MATERIAIS PARA MANUTENÇÃO DE MÁQUINAS. O conceito de insumo dentro da sistemática de apuração de créditos pela não cumulatividade de PIS e COFINS deve ser entendido como todo e qualquer custo ou despesa necessária à atividade da empresa, nos termos da legislação do IRPJ, não devendo ser utilizado o conceito trazido pela legislação do IPI, uma vez que a materialidade de tal tributo é distinta da materialidade das contribuições em apreço.

(...)

Em linha com os fundamentos utilizados na referida decisão, cumpre registrar os ensinamentos de Marco Aurélio Greco, que é categórico ao destacar a impossibilidade de utilização de conceitos trazidos na legislação do IPI para a sistemática não cumulativa do PIS e da COFINS:

Note-se, inicialmente, que as leis de PIS/COFINS não fazem expressa remissão à legislação do IPI. Vale dizer, não há um dispositivo que, categoricamente, determine que "insumo" deva ser entendido como algo assim regulado pela legislação daquele imposto.

Ademais, o regime de créditos existe atrelado a técnica da não cumulatividade que, em se tratando de PIS/COFINS não encontra na Constituição perfil idêntico ao do IPI.

Realmente, no âmbito da não cumulatividade do IPI, a CF/88 (art. 153, § 3º, restringe o crédito ao valor do imposto cobrado nas operações anteriores, o que obviamente só pode ter ocorrido em relação a algo que seja "produto industrializado", de modo que a palavra "insumo" só pode evocar sentidos que sejam necessariamente compatíveis com essa idéia algo fisicamente apreensível). Por isso, o termo "insumo" para fins de não-cumulatividade de IPI é conceito de âmbito restrito, por alcançar, fundamentalmente, matérias-primas, produtos intermediários e materiais de embalagem.

Por outro lado, nas contribuições, o §11 do artigo 195 da CF não fixa parâmetros para o desenho da não cumulatividade o que permite as leis mencionadas adotarem a técnica de mandar calcular o crédito sabre o valor dos dispêndios feitos com a aquisição de bens e também de serviços tributados, mas não restringe o crédito ao montante cobrado anteriormente. Vale dizer, a não cumulatividade regulada pelas leis não tem o mesmo perfil da pertinente ao IPI, pois a integração exigida é mais funcional do que apenas física.

Assim, por exemplo, no âmbito do IPI o referencial constitucional é um produto (objeto físico) e a ele deve ser reportada a relação funcional determinante do que poderá, ou não, ser considerado "insumo".

Por outro lado, no âmbito de PIS/COFINS a referência explicita é a "Produção ou fabricação", vale dizer as ATIVIDADES e PROCESSOS de produzir ou fabricar, de modo que a partir deste referencial deverá ser identificado o universo de bens e serviços reputados seus respectivos insumos.

Por isso, é indispensável ter em mente que, no âmbito tributário, o termo "insumo" não tem um sentido único; sua amplitude e seu significado são definidos pelo contexto em que o termo é utilizado, pelas balizas jurídico-normativas a aplicar no âmbito de determinado imposto ou contribuição, e as conclusões pertinentes a um, não são automaticamente transplantáveis para outro. No caso, estamos perante contribuições cujo pressuposto de fato é a receita ou o faturamento, portanto, sua não cumulatividade deve ser vista como técnica voltada a viabilizar a determinação do montante a recolher em função deles (receita/faturamento).

Enquanto o processo formativo de um produto aponta no sentido de eventos a ele relativos, o processo formativo da receita ou do faturamento aponta na direção de todos os elementos (físicos ou funcionais) relevantes para sua obtenção. Vale dizer, por mais de uma razão, o universo de elementos captáveis pela não-cumulatividade de PIS/COFINS é mais amplo que o do IPI. Embora a não cumulatividade seja técnica comum a IPI e a PIS/COFINS, a diferença de pressuposto de fato (produto industrializado versus receita) faz com que assuma dimensão e perfil distintos. Por isso, pretender aplicar na interpretação das normas de PIS/COFINS critérios ou formulações construídas em relação ao IPI é: a) desconsiderar os diferentes pressupostos constitucionais; b) agredir a racionalidade da incidência de PIS/COFINS; e c) contrariar a coerência interna da exigência, pois esta se forma a partir do pressuposto "receita/faturamento" e não do pressuposto "Produto".[23]

Assim, frente à posição da doutrina e da sinalização favorável do CARF, muitos contribuintes estão buscando judicialmente o direito de creditar-se de todos os itens que integram o custo de produção, demonstrando que alguns custos podem assumir o conceito de insumos a fim de operacionalizar a não cumulatividade das contribuições, afastando o alcance restritivo do termo "insumo" prevista nas Instruções Normativas nº 247/02 e 404/04.

Cabe registrar que em 09/11/2011, nos Processos nos 13053.000112/2005-15 e 13053.000211/2006-72, a Câmara Superior de Recursos Fiscais decidiu que os insumos passíveis de crédito de PIS e COFINS são os produtos e serviços diretamente relacionados à atividade da pessoa jurídica, ainda que não venham a ser consumidos ao longo do processo produtivo. A legislação do IPI foi afastada, mas se afastou também da legislação do IRPJ.

---

[23] GRECO. Marco Aurélio. Conceito de insumo à luz da legislação de PIS e COFINS. *Revista Fórum de Direito Tributário*. v. 34. jul/ago. 2008.

9. Posicionamento do egrégio Tribunal Regional Federal da 4ª Região quanto à apuração de créditos sobre insumos de PIS/COFINS

A jurisprudência dominante do Tribunal Regional Federal da 4ª Região tem adotado uma linha de posicionamento contrária aos interesses dos contribuintes, proferindo seus julgados com base nas normas infralegais da Receita Federal do Brasil .

A grande maioria das decisões do TRF/4 tem sido fundamentadas sob o argumento de que o artigo 3º (Leis n°s 10.637/2002 e 10.833/2003) não traria um rol detalhado de despesas que podem gerar créditos ao contribuinte, se o legislador quisesse alargar o conceito de insumos para abranger todos os custos relacionados com a produção.

Por isso, inúmeras decisões do TRF/4 continuam sendo proferidas com base na legislação infraconstitucional do PIS e da COFINS e no que dispõem as Normativas n°s 247/02 e 404/04, da Secretaria da Receita Federal do Brasil, cujos artigos de interesses transcrevem-se a seguir:

> Art. 66. A pessoa jurídica que apura o PIS/Pasep não cumulativo com a alíquota prevista no art. 60 pode descontar créditos, determinados mediante a aplicação da mesma alíquota, sobre os valores:
>
> I – das aquisições efetuadas no mês:
>
> a) de bens para revenda, exceto em relação às mercadorias e aos produtos referidos nos incisos III e IV do art. 19;

b) de bens e serviços, inclusive combustíveis e lubrificantes, utilizados como insumos: (Redação dada pela IN SRF 358, de 09/09/2003)

b.1) na fabricação de produtos destinados à venda; ou (Incluída pela IN SRF 358, de 09/09/2003)

b.2) na prestação de serviços; (Incluída pela IN SRF 358, de 09/09/2003)

II – das despesas e custos incorridos no mês, relativos:

a) à energia elétrica consumida nos estabelecimentos da pessoa jurídica;

b) a aluguéis de prédios, máquinas e equipamentos, pagos à pessoa jurídica, utilizados nas atividades da empresa;

c) despesas financeiras decorrentes de empréstimos e financiamentos tomados de pessoa jurídica, exceto quando esta for optante pelo Simples;

d) a contraprestação de operações de arrendamento mercantil pagas a pessoa jurídica, exceto quando esta for optante pelo Simples; (Incluída pela IN SRF 358, de 09/09/2003)

III – dos encargos de depreciação e amortização, incorridos no mês, relativos a: (Redação dada pela IN SRF 358, de 09/09/2003)

a) máquinas e equipamentos adquiridos para utilização na fabricação de produtos destinados à venda; (Redação dada pela IN SRF 358, de 09/09/2003)

b) outros bens incorporados ao ativo imobilizado; (Redação dada pela IN SRF 358, de 09/09/2003)

c) edificações e benfeitorias em imóveis de terceiros, quando o custo, inclusive de mão-de-obra, tenha sido suportado pela locatária; e (Incluída pela IN SRF 358, de 09/09/2003)

IV – relativos aos bens recebidos em devolução, no mês, cuja receita de venda tenha integrado o faturamento do mês ou de mês anterior, e tenha sido tributada na forma do art. 60.

§ 1º Não gera direito ao crédito o valor da mão-de-obra paga a pessoa física.

§ 2º O crédito não aproveitado em determinado mês pode ser utilizado nos meses subseqüentes.

§ 3º O IPI incidente na aquisição, quando recuperável, não integra o custo dos bens, para efeitos do disposto no inciso I.

§ 4º Aplicam-se as disposições: (Incluído pela IN SRF 358, de 09/09/2003)

I – da alínea "b.2" do inciso I do caput somente para aquisições efetuadas a partir de 1º de fevereiro de 2003; (Incluído pela IN SRF 358, de 09/09/2003)

II – das alíneas "a" e "d" do inciso II do caput somente para despesas incorridas a partir de 1º de fevereiro de 2003. (Incluído pela IN SRF 358, de 09/09/2003)

§ 5º Para os efeitos da alínea "b" do inciso I do caput, entende-se como insumos: (Incluído pela IN SRF 358, de 09/09/2003)

I – utilizados na fabricação ou produção de bens destinados à venda: (Incluído pela IN SRF 358, de 09/09/2003)

a) as matérias primas, os produtos intermediários, o material de embalagem e quaisquer outros bens que sofram alterações, tais como o desgaste, o dano ou a perda de propriedades físicas ou químicas, em função da ação diretamente exercida sobre o produto em fabricação, desde que não estejam incluídas no ativo imobilizado; (Incluído pela IN SRF 358, de 09/09/2003)

b) os serviços prestados por pessoa jurídica domiciliada no País, aplicados ou consumidos na produção ou fabricação do produto; (Incluído pela IN SRF 358, de 09/09/2003)

II – utilizados na prestação de serviços: (Incluído pela IN SRF 358, de 09/09/2003)

a) os bens aplicados ou consumidos na prestação de serviços, desde que não estejam incluídos no ativo imobilizado; e (Incluído pela IN SRF 358, de 09/09/2003)

b) os serviços prestados por pessoa jurídica domiciliada no País, aplicados ou consumidos na prestação do serviço. (Incluído pela IN SRF 358, de 09/09/2003).[24]

Art. 8º Do valor apurado na forma do art. 7º, a pessoa jurídica pode descontar créditos, determinados mediante a aplicação da mesma alíquota, sobre os valores:

I – das aquisições efetuadas no mês:

(...)

---

[24] Instrução Normativa nº 247/2002 da RFB.

b) de bens e serviços, inclusive combustíveis e lubrificantes, utilizados como insumos:

b.1) na produção ou fabricação de bens ou produtos destinados à venda; ou

b.2) na prestação de serviços;

(...)

§ *4º Para os efeitos da alínea "b" do inciso I do caput, entende-se como insumos*:

I – utilizados na fabricação ou produção de bens destinados à venda:

a) *a matéria-prima, o produto intermediário, o material de embalagem e quaisquer outros bens que sofram alterações, tais como o desgaste, o dano ou a perda de propriedades físicas ou químicas, em função da ação diretamente exercida sobre o produto em fabricação, desde que não estejam incluídas no ativo imobilizado*;

b) *os serviços prestados por pessoa jurídica domiciliada no País, aplicados ou consumidos na produção ou fabricação do produto*;

II – utilizados na prestação de serviços:

a) *os bens aplicados ou consumidos na prestação de serviços, desde que não estejam incluídos no ativo imobilizado*; e

b) *os serviços prestados por pessoa jurídica domiciliada no País, aplicados ou consumidos na prestação do serviço.*[25] (grifo nosso)

Nesse sentido, oportuno trazer à baila a decisão proferida pelo Egrégio Tribunal Regional Federal da Quarta Região, no julgamento da Apelação Cível nº 2009.71.07.001153-5/RS, que teve como Relator o Desembargador Otavio Roberto Pamplona:

TRIBUTÁRIO. PIS E COFINS. REGIME NÃO CUMULATIVO. LEIS Nᴼˢ 10.637/02 E 10.833/03. CONCEITO DE INSUMOS. ART. 66 DA IN SRF Nº 247/02 E ART. 8º DA IN SRF Nº 404/04. ILEGALIDADE. NÃO OCORRÊNCIA.

1. O regime não cumulativo das contribuições PIS e COFINS não se assemelha ao regime não cumulativo do ICMS e do IPI.

---

[25] Instrução Normativa nº 404/2004 da RFB.

Este possui disciplina constitucional, sendo de observância obrigatória, enquanto aquele foi relegado à disciplina infraconstitucional, sendo de observância facultativa, visto que incumbe ao legislador ordinário definir os setores da atividade econômica que irão sujeitar-se a tal sistemática.

2. Diferentemente do que ocorre no caso do ICMS e do IPI, cuja tributação pressupõe a existência de um ciclo econômico ou produtivo, operando-se a não cumulatividade por meio de um mecanismo de compensação dos valores devidos em cada operação com o montante cobrado nas operações anteriores, a incidência das contribuições PIS e COFINS pressupõe o auferimento de faturamento/receita, fato este que não se encontra ligado a uma cadeia econômica, mas à pessoa do contribuinte, operando-se a não cumulatividade por meio de técnica de arrecadação que consiste na redução da base de cálculo da exação, mediante a incidência sobre a totalidade das receitas auferidas pela pessoa jurídica, independentemente de sua denominação ou classificação contábil, permitidas certas deduções expressamente previstas na legislação.

3. As restrições ao abatimento de créditos da base de cálculo das contribuições PIS e COFINS pelo regime não cumulativo, previstas nas Leis nos 10.637/02 e 10.833/03, não ofendem o disposto no art. 195, § 12, da Constituição Federal.

4. O conceito de insumo, para fins de creditamento no regime não cumulativo das contribuições PIS e COFINS, abrange os elementos que se relacionam diretamente à atividade fim da empresa, não abarcando todos os elementos da sua atividade. Acaso fosse esta a intenção, não teria o legislador se preocupado em especificar as situações que ensejam os descontos ou aproveitamento de créditos nos incisos dos dispositivos legais que regem a matéria, concentrando tudo numa só estipulação.

5. Seguindo-se a linha traçada pelo legislador ordinário, verifica-se que a regulamentação constante no art. 8º da IN SRF nº 404/04 (quanto à COFINS), e no art. 66 da IN SRF nº 247/02 (quanto ao PIS), mostra-se adequada e não implica restrição do conceito legal de insumo.

6. Apelação não provida.

Trilhando o mesmo caminho restritivo imposto pelas referidas Instruções Normativas da SRFB, oportuno trazer à baila a interpretação da Primeira Turma do TRF/4, no julgamento da Apelação em Reexame Necessário n° 2007.72.01.000244-4 (TRF), em 12 de novembro de 2008, em que são partes a União e uma indústria moveleira que busca a possibilidade do aproveitamento de créditos das contribuições do PIS e da COFINS sobre o gasto com as embalagens utilizadas especificamente para acondicionar mercadorias para transporte:

> TRIBUTÁRIO. PIS/COFINS. LEIS N^{OS} 10.637/2002 E 10.833/2003. NÃO CUMULATIVIDADE. CREDITAMENTO DE INSUMOS. 1. A orientação da não cumulatividade do PIS e da COFINS foi dada pelas Leis n°s 10.637/2002 e 10.833/2003, por meio de concessão de créditos taxativamente previstos em seus preceitos para que sejam aproveitados por meio de dedução da contribuição incidente sobre o faturamento apurado na etapa posterior. 2. Nessa ordem, o legislador estabeleceu a possibilidade de aproveitamento de créditos de PIS e de COFINS calculados em relação aos "insumos" adquiridos pela pessoa jurídica, assim considerados os bens e serviços utilizados na prestação de serviços e na fabricação de mercadorias destinadas à venda, nos termos do art. 3º, II, das Leis n°s 10.637/2002 e 10.833/2003. 3. Pode-se entender como insumo, portanto, todo bem que agrupado a outros componentes, qualifica, completa e valoriza o produto industrializado a que se destina. Logo, as embalagens utilizadas especificamente para acondicionar mercadorias para transporte não estão abrangidas pela definição de insumos, porquanto não foram utilizadas no processo de industrialização e transformação do produto final. 4. A aplicação do princípio da não cumulatividade do PIS e da COFINS em relação aos insumos utilizados na fabricação de bens e serviços não implica estender sua interpretação, de modo a permitir que sejam deduzidos, sem restrição, todos e quaisquer custos da empresa despendidos no processo de industrialização e comercialização do produto fabricado. 5. Apelação e remessa oficial providas. (TRF4, APELREEX 2007.72.01.000244-4, Primeira Turma, Relator Joel Ilan Paciornik, D.E. 25/11/2008)

Como visto, a jurisprudência do TRF/4 entende que a legislação que rege a matéria foi taxativa ao especificar as situações que poderão ensejar os descontos ou aproveitamentos de crédito, não havendo o que se falar em restrição legal do conceito de insumo.

Todavia, recentemente, já é possível perceber o surgimento de uma nova tendência, mais favorável aos contribuintes que buscam um regime não cumulativo pleno, com o consequente afastamento das limitações taxativas impostas pelas Instruções Normativas 247/02 e 404/04 da Receita Federal do Brasil.

A partir dessa ótica, cumpre transcrever o teor da ementa e parte do voto condutor do julgamento abaixo, que aborda com muita propriedade o tema em debate:

> TRIBUTÁRIO. PIS. COFINS. LEIS Nᵒˢ 10.637/2002 E 10.833/2003, ART. 3º, INCISO II. NÃO CUMULATIVIDADE. AUSÊNCIA DE PARALELO COM O IPI. CREDITAMENTO DE INSUMOS. SERVIÇOS DE LOGÍSTICA DE ARMAZENAGEM, EXPEDIÇÃO DE PRODUTOS E CONTROLE DE ESTOQUES. ILEGALIDADE DAS INSTRUÇÕES NORMATIVAS SRF Nº 247/2002 E 404/2004. CRITÉRIO DE CUSTOS E DESPESAS OPERACIONAIS.
>
> 1. O regime constitucional da não cumulatividade de PIS e COFINS, à míngua de regramento infraconstitucional, serve, no máximo, como objetivo a ser atingido pela legislação então existente. Não é apropriado como parâmetro interpretativo, visto que a EC nº 42/2003 descurou de estabelecer qualquer perfil ao regime não cumulativo dessas contribuições. Por conseguinte, a expressão "não cumulativas" constitui uma diretriz destituída de conteúdo normativo, ou seja, não é um princípio nem uma regra.
>
> 2. Não há paralelo entre o regime não cumulativo de IPI/ICMS e o de PIS/COFINS, justamente porque os fatos tributários que os originam são completamente distintos. O IPI e o ICMS incidem sobre as operações com produtos industrializados e a circulação de bens e serviços em inúmeras etapas da cadeia econômica; a não cumulatividade visa evitar o efeito cascata da tributação, por meio da técnica de compensação de débitos com créditos.

Já o PIS e a COFINS incidem sobre a totalidade das receitas auferidas, não havendo semelhança com a circulação característica de IPI e ICMS, em que existem várias operações em uma cadeia produtiva ou circulatória de bens e serviços. Assim, a técnica empregada para concretizar a não cumulatividade de PIS e COFINS se dá mediante redução da base de cálculo, com a dedução de créditos relativos às contribuições que foram recolhidas sobre bens ou serviços objeto de faturamento em momento anterior.

3. O art. 3º, inciso II, das Leis nos 10.6372/2002 e 10.833/2003, ao estabelecer as hipóteses de creditamento para efeito de dedução dos valores da base de cálculo do PIS e da COFINS, prevê o aproveitamento de bens e serviços utilizados como insumo na produção ou na fabricação de bens ou produtos destinados à venda ou na prestação de serviços, inclusive combustíveis e lubrificantes.

4. Conquanto o legislador ordinário não tenha definido o que são insumos, os critérios utilizados para pautar o creditamento, no que se refere ao IPI, não são aplicáveis ao PIS e à COFINS. É necessário abstrair a concepção de materialidade inerente ao processo industrial, porque a legislação também considera como insumo os serviços contratados que se destinam à produção, à fabricação de bens ou produtos ou à execução de outros serviços. Serviços, nesse contexto, são o resultado de qualquer atividade humana, quer seja tangível ou intangível, inclusive os que são utilizados para a prestação de outro serviço.

5. As Instruções Normativas SRF nos 247/2002 e 404/2004, que admitem apenas os serviços aplicados ou consumidos na produção ou fabricação do produto como insumos, não oferecem a melhor interpretação ao art. 3º, inciso II, das Leis nos 10.637/2002 e 10.833/2003. A concepção estrita de insumo não se coaduna com a base econômica de PIS e COFINS, cujo ciclo de formação não se limita à fabricação de um produto ou à execução de um serviço, abrangendo outros elementos necessários para a obtenção de receita com o produto ou o serviço.

6. O critério que se mostra consentâneo com a noção de receita é o adotado pela legislação do imposto de renda. Insumos, então, são os gastos que, ligados inseparavelmente aos elementos

produtivos, proporcionam a existência do produto ou serviço, o seu funcionamento, a sua manutenção ou o seu aprimoramento.

Sob essa ótica, o insumo pode integrar as etapas que resultam no produto ou serviço ou até mesmo as posteriores, desde que seja imprescindível para o funcionamento do fator de produção. 7. As despesas com serviços de armazenagem, expedição de produtos e controle de estoques, enquadram-se no conceito de insumos, uma vez que são necessárias e indispensáveis para o funcionamento da cadeia produtiva. (Processo nº 2008.71.00.029040-6, Apelação Cível nº 0029040-40.2008.404.7100/RS, 1ª Turma, Relator do Acórdão Des. Joel Ilan Paciornik, publicado no Diário Eletrônico em 21.07.2011).

(...)

Em conformidade com as Instruções Normativas SRF nº 247/2002 e 404/2004, a Fazenda Nacional defende que apenas os serviços aplicados ou consumidos na produção ou fabricação do produto são insumos. O mesmo entendimento é partilhado pelo juízo *a quo*, que desqualificou os serviços de logística de armazenagem, expedição de produtos e controle de estoques aplicados à produção de petroquímicos como insumos, porquanto não foram utilizados no processo de industrialização e transformação do produto final e sim após o término da fabricação propriamente dita, sem participação na transformação do produto final.

Entretanto, os atos normativos da administração tributária não oferecem a melhor interpretação ao art. 3º, inciso II, das Leis nºs 10.637/2002 e 10.833/2003. Com efeito, a concepção estrita de insumo não se coaduna com a base econômica de PIS e COFINS, cujo ciclo de formação não se limita à fabricação de um produto ou à execução de um serviço, abrangendo outros elementos necessários para a obtenção de receita com o produto ou o serviço.

Por isso, o critério que se mostra consentâneo com a noção de receita é o adotado pela legislação do imposto de renda, em que os custos e as despesas necessárias para a realização das atividades operacionais da empresa podem ser deduzidos.

(...)

Com base nesses argumentos, afigura-se de extrema relevância o posicionamento adotado pelo TRF/4 no julgamento da Apelação Cível nº 0029040-40.2008.404.7100/RS na qual se afastaram as limitações impostas pelas normativas previstas pela Secretaria da Receita Federal.

Na verdade, o posicionamento adotado pelo TRF/4 abre um importante precedente favorável à pretensão de milhares de contribuintes já que, ao conceituar insumos com base na legislação que trata do Imposto de Renda, ampliou a possibilidade de creditamento dos custos e despesas aplicados ou consumidos na produção.

Em que pese, ainda, não se tenha notícia da consolidação desse entendimento no Superior Tribunal de Justiça, a segunda turma do STJ começou a julgar no ano de 2011, um caso paradigma em que a autora requer o reconhecimento do direito aos créditos resultantes da compra de produtos de limpeza utilizados no processo de produção.

Trata-se de recurso especial interposto pela empresa Domingos Costa Indústrias Alimentícias S/A, REsp 1246317, tendo o seguinte resultado de julgamento parcial:

> Após o voto do Sr. Ministro Relator Mauro Campbell Marques, dando provimento ao recurso especial para assegurar o direito do recorrente de aproveitar os créditos do PIS e da COFINS não cumulativos decorrentes da aquisição de materiais de limpeza e desinfecção, bem como serviços de dedetização aplicados no ambiente produtivo, determinando, ainda, a exclusão da multa processual prevista no artigo 538, parágrafo único, do CPC, no que foi acompanhado pelos Srs. Ministros Castro Meira e Humberto Martins. Pediu Vistas aos autos o Sr. Ministro Herman Benjamin.[26]

O argumento utilizado pela empresa é que não se podem produzir alimentos em um ambiente que não estiver totalmente limpo, ou seja, os produtos de limpeza são

---

[26] Disponível em <http://www.stj.jus.br/webstj/Processo/Justica/detalhe.asp?numreg=201100668193&pv=050000000000&tp=51>.

essenciais ao seu processo produtivo, gerando o direito a obtenção dos créditos.

Trata-se de um importante precedente para os contribuintes que vislumbram neste julgamento uma tendência positiva do Poder Judiciário no sentido de ampliar do conceito de insumos, diante das limitações impostas pelas Instruções Normativas n°s 247/02 e 404/02 da Receita Federal do Brasil.

Por outro lado, é importante registrar que a tese defendida pelo Fisco é no sentido de que somente os insumos que estão ligados diretamente com a atividade-fim da empresa devem gerar direito a obtenção dos créditos, devendo ficar de fora os demais custos e despesas operacionais despendidos para o funcionamento do ciclo produtivo da empresa.

O Fisco entende que se não fosse essa a preocupação do legislador ordinário, não haveria qualquer necessidade de se listar as situações que ensejam o direito ao aproveitamento dos créditos, no artigo 3º, inciso II, nas das Leis n°s 10.637/2002 e 10.833/2003, concentrando tudo numa só estipulação.

Seguindo essa linha de raciocínio, a Fazenda Nacional defende que a regulamentação constante nas Instruções Normativas n°s 247/02 e 404/02 da Receita Federal do Brasil não geram nenhuma restrição ao conceito legal de insumo.

Não há outro precedente sobre a matéria na Corte. Certo é que o STJ terá que avaliar, caso a caso, se o insumo é ou não essencial ao processo produtivo.[27]

---

[27] Valor Econômico, 17/06/2011, Maira Magro.

Conclusão

A legislação ordinária que prevê a não cumulatividade do PIS e da COFINS deixou de conceituar de forma expressa o significado do vocábulo *insumo*.

Em razão disso, a Secretaria da Receita Federal do Brasil publicou as Instruções Normativas n°s 247/2002 e 404/2004, que acabaram restringindo o alcance do termo *insumo* para fins de creditamento das contribuições para o PIS e COFINS, permitindo a obtenção de créditos somente sobre os valores gastos com o que a empresa utiliza ou consome diretamente na produção do bem ou prestação de serviço.

As normas complementares expedidas pela Secretaria da Receita Federal do Brasil utilizaram como parâmetro a definição aplicada ao IPI, tributo de materialidade totalmente distinta das referidas contribuições.

Entretanto, as Leis Ordinárias n°s 10.637, de 2002, e 10.833, de 2003, não fazem qualquer remissão à legislação do IPI, devendo ser respeitado o direito de utilização de critério próprio para operacionalização da não cumulatividade de PIS/COFINS.

Ora, se a opção do legislador foi pela utilização do chamado "método subtrativo indireto" na qual estabelece situações em que o contribuinte poderá descontar do valor da contribuição devida, créditos apurados em relação aos bens e serviços adquiridos, custos e despesas e encargos, a adoção de outro critério mostra-se totalmente inapropriado.

Isso porque o simples fato de não haver na legislação de regência do PIS e da COFINS um conceito expresso de insumo não autoriza a utilização da significação própria de outro tributo.

Sendo assim, não se pode aplicar por analogia a concepção restritiva de insumo prevista na legislação do IPI, para a sistemática não cumulativa do PIS e da COFINS, justamente porque os fatos tributários que os originam são completamente distintos.

Destarte, as imposições coercitivas previstas pelas Instruções Normativas da Secretaria da Receita Federal do Brasil são totalmente injustas e abusivas, mitigando o direito de milhares de contribuintes de aproveitar a totalidade de seus créditos, que não devem se limitar a simples produtos utilizados na fabricação de um produto ou na execução de um serviço, abrangendo outros elementos necessários para a obtenção de receita com o produto ou o serviço.

Assim, frente à referida polêmica, o CARF, órgão colegiado, integrante da estrutura do Ministério da Fazenda, começou a adotar um novo entendimento em favor dos contribuintes, ampliando o aproveitamento de créditos de PIS e COFINS ao utilizar por base a legislação que trata do Imposto de Renda Pessoa Jurídica.

Além disso, os novos precedentes do CARF estão contribuindo para que os Tribunais Regionais Federais, em especial o TRF/4, venham a adotar uma nova postura no sentido de ampliar a possibilidade do uso de créditos de PIS e COFINS.

Com efeito, ressoa evidente que as Instruções Normativas nos 247/2002 e 404/2004 publicadas pela Secretaria da Receita Federal do Brasil são de flagrante contradição com a legislação ordinária que criou a técnica não cumulativa do PIS e da COFINS, não podendo servir de barreira para que milhares de contribuintes apliquem o conceito de insumo presente na legislação do Imposto de Renda, mais próximo da natureza do PIS e da COFINS.

Certo é que os contribuintes ainda encontrarão obstáculos impostos pelo Fisco na obtenção de seus créditos com base na legislação que trata do IRPJ, hoje não aceitos pela Receita Federal, mas o esforço dos operadores do direito deve ser para que se modifique o referido entendimento diante dos novos precedentes que estão surgindo tanto na esfera administrativa quanto na judicial.

Referências bibliográficas

BALEEIRO, Aliomar. *Direito Tributário Brasileiro*. 9. ed. Rio de Janeiro: Forense, 1980.

BARROS. Mauricio. *Análise da Constitucionalidade e da Legalidade da Tributação do PIS? COFINS sobre o chamado "Spread Bancário"*. São Paulo: Dialética, 2010.

BASTOS, José Umberto Braccini. As Contribuições Sociais do PIS e da COFINS em Face do § 12 do Art. 195 da CRFB/88. Porto Alegre: FESDT, 2008.

CARRAZZA, Roque A. *ICMS*, 10. ed. São Paulo: Malheiros, 2005.

CARVALHO, Paulo de Barros. *Isenções Tributárias do IPI, em Face do Princípio da Não cumulatividade*. São Paulo: Dialética, 1998.

DECOMAIN. Pedro Roberto. *Anotações ao Código Tributário Nacional*. São Paulo: Saraiva, 2000.

FERNANDES, Edison Carlos; MARTINS, Ives Gandra da Silva. *Não cumulatividade do PIS e da COFINS – Implicações contábil, societária e fiscal*. São Paulo: Quartier latin, 2007.

FURLAN; Anderson; VELLOSO, Andrei Pitten. Não Cumulatividade. In MACHADO, Hugo de Brito (coord.). *Não cumulatividade tributária*. São Paulo. Dialética; Fortaleza: ICET, 2009.

GRECO, Marco Aurélio. Conceito de insumo à luz da legislação de PIS e COFINS. *Revista Fórum de Direito Tributário*. v. 34. jul/ago. 2008.

HARADA, Kiyoshi. *Direito financeiro e tributário*. 13. ed. São Paulo: Atlas, 2004.

LUNARDELLI, Pedro Guilherme Accorsi. Não Cumulatividade do PIS e da COFINS. Apropriação de Créditos. Definição de Créditos Jurídicos. São Paulo, *Dialética de Direito Tributário – RDDT* 2010, v. 180.

MACHADO, Hugo de Brito. Fraude a Constituição em matéria de PIS e COFINS. São Paulo. *Dialética de Direito Tributário – RDDT*, 2000, v. 60.

————. *Comentários ao Código Tributário Nacional*. São Paulo: Atlas, 2003.

MARTINS, Ives Gandra da Silva. *O princípio da não cumulatividade*. São Paulo: RT, 2004.

MELO, José Eduardo Soares de. *Curso de Direito Tributário*. 4. ed. São Paulo: Dialética, 2004.

OLIVEIRA, Ricardo Mariz de. *Aspectos Relacionados à Não Cumulatividade da COFINS e da Contribuição ao PIS*. São Paulo. Quartier Latin, 2005.

PAULSEN, Leandro. *Direito Tributário*. 4. ed. Porto Alegre: Livraria do Advogado, 2002.

PIS e COFINS, Regime de incidência não cumulativa. Disponível em: <http://www.receita.fazenda.gov.br/pessoajuridica/pispasepcofins/regincidencianaocumulativa.htm#Exclusões ou deduções da Base de Cálculo>. Acesso em 20 de maio de 2012.

RIBEIRO, Ricardo Lodi. Não Cumulatividade do IPI, Insumos Imunes, Isentos e não Tributados e o Novo Ripi. São Paulo. *Dialética de Dir. Tributário – RDDT, 2010*, v. 183.

SABBAG, Eduardo. *Manual de Direito Tributário*. 3. ed. São Paulo, 2011.

SILVEIRA, Paulo Antônio Caliendo Velloso da. *Direito tributário e análise econômica do Direito*: uma visão crítica. Rio de Janeiro: Elsevier, 2009.

SOUZA, Pedro Bastos de. Discussões sobre o direito a crédito de IPI na entrada de insumos isentos, não-tributados e tributados à alíquota zero. Jus Navigandi, Teresina, ano 13, n. 1822, 27 jun. 2008. Disponível em: <http://jus.uol.com.br/revista/texto/11408>. Acesso em: 24 ago. 2011.

TEIXEIRA, Paulo Henrique. *Créditos de PIS e COFINS*. Curitiba: Portal Tributário Editora, 2009.

Impressão:
Evangraf
Rua Waldomiro Schapke, 77 - POA/RS
Fone: (51) 3336.2466 - (51) 3336.0422
E-mail: evangraf.adm@terra.com.br